CARNEGIE'S SPEECH AND HANDLING SKILLS FOR WOMEN

卡耐基写给女人的
说话与处世技巧

陈曲 编著

吉林文史出版社
JILINWENSHICHUBANSHE

图书在版编目（CIP）数据

卡耐基写给女人的说话与处世技巧 / 陈曲编著 . ——
长春：吉林文史出版社，2019.7
ISBN 978-7-5472-6348-8

Ⅰ.①卡… Ⅱ.①陈… Ⅲ.①女性－口才学－通俗读
物②女性－人生哲学－通俗读物 Ⅳ.① H019-49
② B821-49

中国版本图书馆 CIP 数据核字（2019）第 135592 号

KANAIJI XIEGEI NÜREN DE SHUOHUA YU CHUSHI JIQIAO

书　名　**卡耐基写给女人的说话与处世技巧**

编　著　陈　曲

责任编辑　高冰若

封面设计　末末美书

出版发行　吉林文史出版社

地　址　长春市福祉大路 5788 号　　邮编：130118

网　址　www.jlws.com.cn

印　刷　北京德富泰印务有限公司

开　本　880mm×1230mm　1/32

印　张　6

字　数　150 千

版　次　2019 年 7 月第 1 版　2019 年 7 月第 1 次印刷

书　号　ISBN 978-7-5472-6348-8

定　价　35.00 元

　　独立、自由、优雅、知性、大方、善良、文艺等都是人们给新时代女性贴的标签，这些标签是对新时代女性为人处世的归纳和总结，简单地概括就是会说话、能办事。但需注意的是，并不是说贴上这些标签的女性就懂得如何说话、怎样办事，毕竟会说话、能办事是女人一生的修养，是一门极不简单的学问。

　　话说得好与坏，决定于听者是否听得舒服。有时候，一句话就能决定女人的前途，有的人因为一句话，毁了一次合作；有的人因为一句话，让升职加薪直接泡汤；有的人因为一句话，得罪了一批人，处处受到排挤；有的人因为一句话，失去了曾经最亲密的爱人；还有的人因为一句话，毁灭了自己的婚姻……可见，这"一句话"的作用力可不小，说一句话很简单，但说好一句话就不是那么简单了。

　　说话是一门讲究又随性的艺术，它就像书法一样，既有章法可循，又体现着书写者的个人风格。说好话的章法很简单：见什么人说什么话，到什么样的山头就唱什么样的歌；重要的事先说，着急的事慢慢说，去掉无意义的口头禅等。说得再简单直白点儿，就是要看场合、分对象、知轻重、懂缓急、去无关。章法很简单，但是具体要怎么说、能否说得好，还要看个人的语言风格和说话技巧。

每个人的成长环境、家庭背景、文化教育、知识水平、过往经历、职业见识、逻辑方式等都是不一样的，因此，每个人的说话风格、语言组织方式也不一样。女人在说话时要懂得根据对象的不同灵活使用不同的说话策略。比如，面对专家学者时，可以多用一些专业术语；面对普通人时，说话就要接地气。

在人际交往中，有一种话叫"场面话"。场面话说得好了，会让应酬更加轻松。场面话是人际交往的润滑剂，在很多场合都能听到。女人在应酬场合中，常常需要见一些陌生人、说一些场面话，寒暄、闲谈、被人搭腔等都是难以避免的，怎么找到对方喜欢的、自己又了解的话题；怎么把握聊天的节奏，做到曲终人散、意犹未尽；怎么将双方的谈话变得更轻松，让彼此的距离变得更亲近等，都与将来的职场生涯密切联系、息息相关。

人生短短几十年，说长不长，说短也不短，会经历很多事、见很多人，难免会有开口求人的时候。开口求人其实很难，被拒绝的滋味也不好受。怎么开口、怎么看对方的脸色说话、能不能去求对方身边的人、对方不愿意帮忙怎么办等等，都是求人时可能会遇到的问题，这些问题能否得到解决，直接关系到我们的求助能否成功。

除了会说话之外，女人还要会做事，这也是女人的立世之本。会做事的女人懂得方圆处世之道，深知人脉的重要性，能游刃于职场，能守护幸福的婚姻。会做事的女人有自己的处世原则，她们不掺和别人的是非，懂得适时低头、以退为进；她们藏巧露拙，顾及他人的心理，不招人嫉妒；她们看破不说破，偶尔装装糊涂……

　　职场如战场，女人的职场人际关系是否和谐，直接与其能否在职场中生存休戚相关。身处职场，就必定会与同事、上司打交道。同事是同事，上司是上司，聪明的女人懂得区别对待。以和为贵，刺猬法则，淡化优势是她们和同事和谐相处之道；清晰定位，不自作主张，是她们与上司的共赢模式。

　　一把钥匙开一把锁，聪明的女人懂得广结人脉，她们有自己的社交圈，会筛选自己的朋友，精心打造自己的人脉。人的一生会认识很多人，但这些人并不全都是你的人脉，人脉就像庄稼一样，是需要精心呵护的。好的人脉可以让一个人变得更好，会让一件难事变得简单。

　　家持得好了，家就是港湾、是归宿、是依靠；持得不好，家就变成了围城、坟墓、"地狱"，而持家是否有道，取决于婚姻关系的好赖。"亲而有间，疏而有密；和而不同，美美与共"是婚姻中两个人最好的距离；信任是呵护婚姻的天使，是守护幸福的翅膀；示弱是婚姻的遥控器；孩子是爱情的结晶；而唠叨、过高的期望、糟糕的婆媳关系等都是婚姻的毒瘤，如果任由它们滋生蔓延，就可能让婚姻走向毁灭。

　　人的一生不过是说好话、办好事、做好人，本书立足于女人的实际情况，浓缩了卡耐基的为人处世哲学，教给女人实用的说好话、办好事的道理、方法和技巧，涵盖了女人的生活、职场、婚姻等多个方面，每一节都穿插了一到两个由真实故事改编而成的案例，意在给女性提供一些可行的为人处世的建议与指导，希望能够帮助广大女性同胞在职场上发挥自我价值，在婚姻中找到归宿和幸福！

CONTENTS
目　录

说话这件事，可不是一件小事

说话这件事张口就来，着实简单；说话这件事稍不注意，就会惹人生厌，也不简单。因此，说话并不是一件简简单单的小事。在当下，颜值不能成为饭碗，但"言值"可以。"言值"高的女人，可能因一句话就扭转命运；"言值"高的女人，总有无穷的力量；"言值"高的女人，知性优雅、措辞恰当，不说废话；"言值"高的女人，内外兼修，更有气质，更惹人爱。

跳脱颜值，拥抱"言值"

"颜值"来自先天，它择取了少数人并成为她们的庇护伞，这些人享受着这个世界馈赠的温柔，然而这把伞却时常挡住她们的视线，她们看到了眼下的斑斓，却不曾知晓远方的诗意；而相对应的，"言值"积累于后天，它奋进全力，一天天地成长，最终化作一把利剑，为前行的人披荆斩棘，直至抵达理想的高处，收获人间最为深厚的情谊……

"颜值"一词在我们所处的社会中迅速蔓延，渗入到我们的潜意识之中，以至于茶余饭后我们总会在不经意间将其提及。确实，古往今来，爱美之心人皆有之，人们看到高颜值便会自动生成一份好心情，而这份好心情又会成为高颜值被温柔相待的通行证。

茫茫人海，高颜值的人又有多少呢？或许正如世间的珍稀之物一般——因为稀少，才会被人们所注意、所珍视。大多数的我们并没有人人艳羡的好容颜，但这并不足以使我们因此而气馁，因为上天还赐予了我们另一份礼物，只要我们努力去争取，便会拥有同等甚至更靓丽的美、获得更多的微笑与温暖，这份礼物便是"言值"。

色彩斑斓的演艺圈，最不缺的便是光鲜靓丽的绝色美女了。在这里，颜值只是她们人生道路的敲门砖，如若仅仅止步于此，纵使红极一时，却终究不能红极一世。多少少女看到演艺圈的光鲜，纷纷想挤进去，却不曾想过进去后所要面临的诸多艰辛。她们只有美丽的容颜作支撑，当所有的聚光灯纷纷指向她们时，一个个镜头记录下的只是她们的紧张与无措。

有的人结束了一天疲累的工作，瘫坐在黑暗冰冷的沙发上，回想着白天那一句句来自大众刺耳的声音。她们想不通，为何会有这份深深的伤痛刺向自己，然后越想越伤心，疲累一点儿一点儿累积，最终选择退出，渐渐消失在大众的视野之中，消失在人们的记忆之中……

有的人却开始意识到自己面前的路有多长，她们了解到单靠颜值完全不能在这条路上走远，于是她们努力补习，为一个个幕前做着最为充分的准备。她们的每一份努力、每一段经历、每一个知识都化作了她们的血液，在她们开口的那一刻，人们注意到的已经不再是娇好的容颜，而是言语所体现出来的思想上的丰盈与深刻。

——佚名《有言值才能走更远》

站在同一个舞台时，"颜值"和"言值"这两个双胞胎便构成了很奇妙的互补结构：在时间的洗礼下，"颜值"背后灵魂的枯竭一点点儿展露无遗，当岁月抹去那份颜值，她们也随之消失在人们的心中，在时光的隧道中留不下任何痕迹。而另一面，时间一点点儿流过，将痕迹刻在"言值"之上，慢慢雕琢着其气质，让人们看到了其灵魂深处散发出来的光芒。

在一个个"颜值"或被淹没、或自行消失的事件中，其脆弱性在越来越多女人的意识里慢慢附着，这使她们渐渐放弃对"颜值"的执着，开始转向对"言值"的追求。

潘安——西晋时期远近闻名的高颜值文人，只要他行走在洛阳的大街上，不管男女老少，都会在得知消息的第一时间冲过去，将其围住，方圆几百米都被围得水泄不通。另一位年纪差不多的文人——左思见此情此景，便开始模仿潘安：他打听到潘安常去的缝衣店，去那里定制了一套和潘安一样的长衣，梳了一头和潘安一样的发髻，在街口摆着和潘安一样的姿势。可令他万万没有想到的是，少女们怒气冲冲地向他投掷发黄的菜叶；路过的阿姨冲他咂咂嘴，摇着头离开；远处，几个小孩儿不时地对他指指点点，狂笑不止……他才明白，原来自己的颜值与潘安相比，差得是那么多，遂垂着头、遮住脸，快速向家的方向走去。

事情到这里就结束了吗？并没有。几十年前，潘安凭借自己绝世的美貌成就了"貌比潘安"这个成语；几十年后，左思凭借自己妙笔生花、口吐珠玑的才能成就了另一个成语——洛阳纸贵。当时，《三都赋》被整个洛阳城的文人纷纷传抄，其情景的盛大程度和当年的潘安游街相比，可以说是有过之而无不及。

同样，在当今时代，能与潘安的美貌相比的人依旧是寥寥无几。试想一下，现在有两位陌生人要与你做朋友，她们被贴上了不同的标签供你选择，一个美若天仙，却自恃貌美而整日欣赏自己的容颜，蹉跎着时光，荒芜着青春；一个长得极其普通却非常热心、有想法，一开口便字字珠玑，恰到好处地和你产生着共鸣。那么，你会选择谁呢？相信绝大多数人都会选择后者。而这，恰恰证明了语言的魅力所在。

"言语之力，大到可以从坟墓中唤醒死人，可以把生者活埋，把侏儒变成巨无霸，把巨无霸彻底打垮。世间有一种成就可以使人很快达成自己的目标，并获得他人的认可，那就是讲话让人喜悦的能力。"

——海涅《法国的现状》

经过时间洗礼的语言，带着时光的痕迹，向我们展示着岁月累积后的深度，我们在这份厚重感里感受着两颗灵魂拥抱的温暖，慢慢地卸去防备的铠甲。在迎接温暖的同时，我们看到了那害着却炽热的心，感受着这个世界浓浓的爱意。

成败，就藏在我们的一句话中

语言是我们用来沟通的主要工具，我们每天都生产着一句句话语，面向不同的对象，有无比亲切的家人，亦有完全不相识的陌生人。每天无声无息地过去，我们似乎忽略了语言的重要程度，甚至忽略了语言本身的存在，就像对待我们周围的默默无声的空气。而在一些关键场合，我们最为熟悉的话语，在离开我们嘴巴的那一刻，成了我们命运的转折点，不管我们有没有意识到这一刻的到来。

英国诗人本·琼森说过这样一句话：语言是最能暴露一个人的东西。诚然，作为语言内容的载体，从声音中，我们可以清晰地感受到说话者当下的喜恶和心情；同时，语速亦能在一定程度上从侧面反映出说话者的性格与心情。而最为重要、也是最为直接的，便是思想的具象化与有效地传达。

语言是赐予人类表达思想的工具。

——莫里哀（法国作家）

正因为语言是我们表达思想的工具，所以它的每一次出现都代表着我们内心的想法，将我们无形的灵魂具象地表达出来，一句一句，勾勒着我们作为一个人的独特存在。

这样的总结在大众的日常生活中或许已经十分普遍，而在闪光灯下，这样的语言却能被精准地捕捉到，进而成为一个人一生的转折点。

凭借着可人的容颜在一部部偶像剧中大放光彩的台湾杨姓女星，曾经在国内红极一时，活跃在各大媒体的镜头下，而正是这份活跃逐渐地暴露出了她知识的欠缺。在做客台湾某综艺节目时，这名杨姓女星被问及抗日战争一共有几年，她居然一脸茫然地回答："不知道。"随即，主持人公布了正确答案——八年（后改为十四年）。"才八年啊！"杨姓女星随口说道。

正是这么一句脱口而出的追问却引起了轩然大波，对于这段极其沉重的悲痛历史，她竟可以说出一个"才"字？滚滚而来的声讨声一夜之间便将其淹没，各大媒体也纷纷终止了与她的合作，大陆地区也选择对其进行封杀，在之后的很长一段时间里，内地已经完全找不到她的踪迹。近几年虽说风波已经慢慢平静，但她已经无法东山再起，无法再拥有往日的辉煌。

有因为一句话便使人生走入低谷的灾难时刻，相应地，也会有因为一句话便巧妙化解危机的惊喜奇迹。

南朝时期，齐高帝好习书法，便召集当时的书法家，与他们一起研习书法。一次，与之一起习书的是当时著名的书法家王僧虔，写到一半，高帝突然问王僧虔："我们俩的字，谁的更好？"

王僧虔顿时犯了难，说高帝的字比自己好吧，有明显的违心之嫌，怕高帝以此认为自己是阿谀奉承之人；说高帝的字写得不如自己吧，又怕让高帝难堪，破坏了君臣之礼。左右回答，都会将自己逼入绝境。正在踟蹰之际，王僧虔突然灵光一闪，脱口而出："我的字在臣子中属最好，您的字在君王中属最好。"高帝听罢，不禁点了点头，露出了笑容。臣子之数明显多于君王之数，言外之意不甚明了，包含着王僧虔的真实想法，而"最好"的评价又缓解了高帝的心理落差，不可不说是一个完美的回答。虽然高帝没有立刻对他表示出过多的赞赏，但他用行动表达了自己对这位臣子的认同——之后他召王僧虔一同习书的频次明显增多。

那么，在平常的日子里毫无顾忌地说话，遇到重大事件之前努力研究推敲，做好言语的准备便可以了吗？当然不是。人生在一个个看似平常的日子里或创造奇迹，或制造毁灭，而这一个个事件的爆发都是之前所经历的一切事件的累积叠加。谁能够预估爆发前的"习惯"所累积的力量呢？

上面说到的杨姓女星事件，其中的"言值"问题已然上升到"人值"的高度，人们通过她的言语开始了对她这个人的评判，当然，因为大众的强烈反应，我们得以明显地看到言语对一个人的重要影响。但仔细想来，在日常生活中，对于对方的话语，我们接收，随即便分析他话中的意思、他的内心世界，甚至于他的人生层次，继而我们开始做出对这一段关系是亲近还是疏离的决定。这又何尝不是通过一个人的"言值"去判断这个人的"人值"呢？

再者，在日常生活中，我们会经常遇到"说出的话像泼出的水"的尴尬情景，我们带着悔意连连道歉，却不曾知晓给对方所造成的伤害往往不是一句"对不起"就能解决的，纵使对方微笑地回以"没关系"，亦不代表这份伤害会随着这句"没关系"而消失。

所以，说话并不是思想和情感的简单输出，更需要我们在将话语吐出嘴之前，经过大脑的过滤，这样既能够减少因失误而造成的悔意，亦能减少言语对听者的伤害。伤害少了，温暖多了，我们所在的世界便更加阳光灿烂了。

恰当的措辞，让你走得更远

漫漫人生路，我们于这个偌大的世界间，无数次在和陌生人的相遇中慢慢成长，从一个哭着鼻子不知所措的小女孩逐渐成长为能够独立解决问题的女子，沿途有亲切的家人，有尊敬的老师，更有来不及问询名字的热心人，他们把他们的经验和智慧倾囊相授，我们在收获了一定的知识和技能的同时，更收获了一份份饱满的温情。

在不断成长的道路上，要想获得新的血液的流动，很多时候都需要我们鼓起很大的勇气跳脱当下熟悉的舒适区，在一个相对陌生的环境、面对着陌生的人去做一些陌生的事情。而语言便是上天赐给我们的礼物——恰当的语言不仅能让我们更好地适应全新的环境，拉近我们与陌生人的距离，更能使我们与对方的沟通更加深入，收获更多更精彩的成果。

万无一失意味着止步不前，那才是最大的冒险。为了避险，才去冒险，避平庸无奇之险，值得。

——杨澜

当然，既然是陌生的谈话对象，正所谓"英雄不打无准备之仗"，想要有恰当的措辞，少不了平时对不同语素、不同知识的积累，更重要的是需要我们在见面之前做好充分的准备工作——通过了解谈话对象的家世背景、作品、身边的人、所在公司等，来判断谈话对象的性格和为人、确定谈话目的和谈话问题的系统策划以及所涉及问题的相关细节资料等，从而形成一个潜在的心理准备，尽量做到不让自己在谈话时陷入言之无物等尴尬处境。当然，在谈话过程中，我们还需要具有较好的重新组织问题和整个谈话的调控能力。

在谈话的刚开始，由于双方都不认识，难免都比较拘谨，局面亦比较僵化。这时我们便可以选取一个对方熟悉或发生在对方身上的小事，营造出一种融洽的气氛，拉近双方的心理距离，进而获得对方的信任，然后进行局势的破冰和话题的展开。

通常，一般的谈话时间都不会太长，而我们又想要在短时间的谈话中获取尽可能多的信息，这样就需要我们在向对方提问时，每个问题都要尽量做到具体细致，不要泛泛而问，因为对于太过笼统的或比较大的话题，对方既不好回答，又可能造成双方陷入沉默的尴尬境地。

在交谈的过程中，最精彩的莫过于双方之间的思想碰撞。所以在谈话中，我们要始终保持自己的判断与思考，把对方的每一个想法都尽量做到记在心中，与自己的想法整合，在分析比较后向对方再次提出自己的想法，当对方看到你已经将他的想法与你自己的想法融合了，便会看到你在谈话中的投入程度，这时因为被你的用心与真诚所打动，他很可能会改变之前浅尝辄止的想法，让对话上升到一定的深度，或许，这时你才会看到一个更真实透彻的世界。

杨澜在采访著名演员刘晓庆时，希望在访谈中将真实的刘晓庆还原在大众眼前。在第二次见面的开始，杨澜开门见山："您演过很多很有权势、很有力量的角色，您内心的那种霸气实际上是通过这些角色释放出来的吗？""您会体验到一种满足感吗？""我在设想，（生意场上的经历）还是会给您带来一种成就感的。"三连问似乎在态度上有点儿尖锐，但就像世界著名记者法拉奇的做法一样，对待强势型的访谈对象，单刀直入或许能达到神奇的效果。

结果不出所料，杨澜的这次访谈获得了很大的成功：不仅引导着紧闭心门的刘晓庆敞开心扉，说出了自己内心真实的想法，更收获了一份意外的惊喜——刘晓庆当年在生意场上的一些鲜为人知的经历和真实的心理状态。

或许在平常的生活中，我们很少会遇到有着极其强势的性格的人，但常会遇到谈论敏感话题的情况，这时我们便可以从侧面切入，用"迂回式"谈话来应对隐晦的问题。

1945 年的一天，同为张大千和梅兰芳好友的朋友遇上喜事，宴请了他们二人。他们二人几乎是前后脚到了宴会上。眼看着宴会就要开始了，旁边认识张大千的请他去坐首座，认识梅兰芳的又请梅兰芳去坐首座。当所有人了解了他们以后，都尴尬得不作声了。张大千看到这气氛，便说道："梅先生是君子，我是小人，我怎么能坐首座呢？"看着大伙儿更没有声音了，便笑着解释道："不是有句话说'君子动口，小人动手'吗？梅先生唱戏是动口，我作画是动手，所以理所当然该请梅君坐首座。"来宾们这才理解了其中的意思，纷纷大笑起来，并重新搬了把椅子请他们并排而坐。

张大千巧用迂回式谈话，不仅生动地展现了他宽广的胸襟，更化解了一场源自陌生的尴尬，成就了好友一场圆满的喜宴。

在合适的场合使用适当的措辞，不仅能让我们的生活变得更为顺畅，更能收获到更多的可能性，带着我们走向更远的远方。

学会说话，成就气质与温柔并存的气场

在越来越浮躁的环境中，我们的心亦逐渐变得浮躁。在互联网迅速崛起的时代，我们虽然感受着信息的指数型增长，但我们的眼睛却无法一一接收这无尽的信息。紧接着，信息被缩减、被分割，我们的时间亦跟着越来越碎片化。而能够沉下浮躁的心，与书本、与时间、与这个世界进行深度的对话，对很多人来说成了一件奢侈的事情。

正所谓"腹有诗书气自华"，书永远是我们了解世界、得以与世界对话的最便捷的途径，我们踏着前人走过的路，积累着人生路上所需的知识，当我们开始对这个世界有了较全面的了解时，便是我们走出书本，进一步拥抱世界的时候。这是一个更为广阔、更加真实可触的世界，会成为我们继续学习、继续品味的对象。

汤唯，中国当下公认的少数气质美女之一，虽然为人比较低调，却因为其饱满的东方韵味，在大众的心中具有独特的位置。我们纵观一下她的成长经历，便能对这份浓厚的东方气质有较为明晰的理解。出生于书香世家的她，从小的志愿便是想像父亲一样成为一名画家，后来却因为机缘巧合成为演员，可是又因为种种原因，演艺之路被中断。但这个挫败并没有将汤唯打倒，她放下了一切选择去英国深造，经过多年的积累，当她再次出现在大众面前时，已经拥有了沉着内敛、收放自如的表演功力。

但是，汤唯并没有因为再次大放光彩，就大肆地提高自己的曝光度，仍旧坚定地选择在做演员之余更好地去品味生活。在没有工作的日子里，她会选择和家人一起度过，享受读书带来的诗意，并坚持通过一封封手写信传达着与粉丝之间深厚的感情……

对知识的积累、对阅历的吸收会在无形中给你面对这个世界的底气与自信。小的时候，你以为自己是上天特意的安排，后来你在阅读中，慢慢发现自己不过是世界上最为普通的那一个，但这没有什么好气馁的，继续着自己精彩的生活便已足够。这时的你会变得谦逊、坚毅、温柔，这份温柔不足以撑起你的全部，但是不要担心，现实会慢慢赋予你这份温柔强大的力量。

在与人相处的过程中，要跨越的最明显的鸿沟便是距离感，而如何消除距离感却成了温柔对我们的最大考验。

有一次，卡耐基去听他的一名医生学员讲课，课程一开始便被打断了。这名医生学员问："横膈膜在人们的呼吸中明显地帮助肠子的蠕动……"然后让台下听懂的人举手，结果让这个医生学员大为惊讶：时间停滞了几十秒，却没有一个人举手。"你需要先让你的听众知道这究竟是什么东西，并介绍一下它是如何工作的，这样你所说的和你将要说的内容才能更好地被你的听众所吸收。"卡耐基提醒道。

于是医生学员解释道："横膈膜实际上是一种非常薄的肌肉，它的位置在胸腔底部和腹腔顶部之间，它会随着胸腔和腹腔的呼吸而变化。当胸腔呼吸时，它会被压缩，就像一只倒置的洗脸盆；当腹腔呼吸时，它会被往下推，使它成一个平面，此时肠胃会受到挤压，而它的这种向下的推力，会按摩和刺激腹腔的上部器官，比如胃、肝、胰等；当人们呼气的时候，胃和肠又往上推压横膈膜，这就相当于做第二次按摩，而恰恰是这种按摩帮助着人们的排泄。许多人身体不舒服，主要就是因为肠胃不适，而一旦我们的肠胃因为横膈膜的按摩而得到适当的运动，那么大部分的不适都会消失。"台下的听众一会儿把手放在胸的位置，一会儿又下移到腹部，不时地点头，开始做笔记的人也渐渐地多了起来。

有的时候，我们会像上面那名医生学员一样，用一些专有名词或缩略语将话题表现得神秘不可触，这其中的原因或许有想要表现自己的欲望，又或许只是共情能力的缺乏，没有注意到对方的接受能力。作为最为古老的礼仪之邦，正所谓"言者谆谆，听者藐藐"，如若我们在交流中全然不顾听者的接受程度，甚至一味地故作深沉、卖弄自己所学，便会发现我们身边的人会越来越少。只有当我们能够顾及对方，并站在他们的角度选择合适的词汇、语言时，他们才会和我们进行更好的互动。

与此同时，作为女人，温柔的语气正是彰显气场的必要条件。

可能我们听到"气场"二字，便会有种不可侵犯的严肃感与威慑力。其实不然，真正的气场就像磬钟一般，它的余韵会在之后的时间里慢慢向着远方飘散开去。纵使遇到不认同的观点，温柔的女人也总是会选择"虽不认同，但会尊重"的让人舒服的态度加以应对。

没有意义的口头禅，人人都会生厌

每个人说话时，都有自己的语言习惯，或多或少都会夹杂一些口头禅。这些口头禅有时候是因为紧张，有时候是想要强调，有时候是想确认对方是否在听。但是更多的时候，口头禅是没有任何意义的，只不过是个人的语言习惯，而正是那些没有意义的口头禅，有时会让人生厌。

在生活、工作中，我们会与各种各样的人打交道，会发现每个人都有自己的表达方式，而且大部分人，包括我们自己在内，都会有一些没有意义的口头禅。比如，有的人在表达一件事情时，常用"你知道吗？"开头；有的人说完一句话后，会习惯性地加一句"是不是？"等，这些好似是在问听者，其实根本不需要听者回答，只不过是每个人的表达习惯罢了。很多人并不在意口头禅，是因为他们自己已经习惯了这种说话方式，但事实上，没有意义的口头禅多了，很容易让对方生厌。

王女士毕业后在一家创业公司上班，因为学历高、学习能力强，很快就受到老板赏识，交给她很多重要的事情，因而，由她组织召开的会议就多了，她说的话也多了，她的一些口头禅也就暴露出来了。比如，她在开会时总是会时不时夹一句："你们明白我的意思吗？"这让听者很不舒服，答也不是，不答也不是，而且总给人一种居高临下的傲慢感。

一个新来的员工不知道她有这个口头禅，在开会时，答了一句"明白"，这让其他员工，包括王女士在内都感到很吃惊，一是这个回答打断了王女士的思路，她很奇怪自己为什么要在这个环节问这个问题；二是让其他员工很难堪，自己从来没有搭理过这句没有意义的话，生怕被王女士为难。后来，新员工发现了这个问题之后，才意识到自己当时好像。同事们也发现，不只是在工作中，就连在生活中，王女士都会用这句口头禅。渐渐地大家能不跟她说话，就不跟她说话，能用微信、邮件沟通的事，坚决不和她当面沟通，即便她就坐在自己旁边。

"你们明白我的意思吗？"是一些人的口头禅，其实仔细琢磨这句话，就会让人觉得很不舒服。就像案例里的员工所说，会给人一种居高临下的感觉。其实，王女士刚入职场，还处于学习阶段，很多知识都很欠缺，只不过是因为学习能力强，就被委以一些比较重要的事情而已。与其他员工相比，她其实还只是个缺乏经验的新人，但是这句口头禅一出来，就给人一种目中无人的、很不礼貌的感觉。

王女士因为自己的口头禅，最终导致同事们疏远了她，不愿意与她面对面地沟通交流，这对她的事业发展来说是很不利的。每个人都是平等的，每一份工作都需要团队协力合作，只有团队成员相互之间相处融洽、沟通无障碍，才会让工作做得更好，才会在职场中走得更远。

每当张女士开口与人交谈时，总会先说："我想跟你说句话，但是怕你生气。"一开始，每当她这么说时，同事、朋友都以为自己做错了什么事、说错了什么话或得罪了什么人，可是耐着性子听她说完之后，总有一种想打她的冲动，因为压根儿什么事情都没有。同事们总是调侃她，她很懂得抓住别人的胃口，让人耐着性子听她说话。

后来，朋友们就各说各的，也不再因为她那句"怕你生气"而去好奇她要说什么事。一次，她要说一件很重要的事，而且确实牵涉到同事的名誉。她说："我想跟你说件事，怕你生气。""怕我生气就别说了，反正也不重要。"同事不以为然地说，张女士没有想到会得到这样的回答，瞬间不知道该怎么接下去，于是就没有继续说了。

后来，这个同事和张女士聊天时，无意中谈到了一件事，说最近总觉得同事们在背后议论自己，看自己的眼神也怪怪的。王女士赶紧说："上次我就想跟你说的，你却让我别说了。那天我其实是想跟你说，我前两天在洗手间里听见有人说你的坏话，说你进公司完全是靠和XXX的关系，你这次能升职加薪也是靠他。"可是这个同事已经完全不记得上次的事情了，他觉得张女士是马后炮，甚至怀疑她是墙头草，说不定也跟着别人说过自己的坏话，不然怎么不早点儿告诉自己呢？就这样，这个同事慢慢疏远了张女士。

既然怕生气，又何必要说呢？关键是还不管这件事是否真的与对方有关，这是最致命的。当别人对我们说"怕你生气"时，脑袋里会下意识地想到肯定是有不好的事情，会自觉地听对方把话说完，可是当我们耐心听完这件"怕自己生气"的事情后，发现其实与自己毫无关系时，肯定会哭笑不得。一次两次还好，次数多了，当然会招人厌烦。

有事说事，不要掺杂乱七八糟的事情，更不要用毫无意义的口头禅，企图以此引发别人的注意。尤其是在当下的职场生活中，几乎每份工作都讲究高效，每个人的工作节奏都很快，大家根本没有多大耐心去听你说那些无关紧要的事。重要的话着重说，无关紧要的话选择性地说，这是职场生存的基本法则。

"你知道吗""你听得懂吧""那个谁""呵呵"等都是人们比较常用的口头禅。大家或许都会有这样的经历：一个长得很漂亮的女人或者一个穿得光鲜靓丽的女人，总是在开口时让人生厌，有时候并不是她们说的没有道理，也不是她们的言语不礼貌，而是因为她们老挂在嘴边的某句口头禅。

有些口头禅容易让人误解，有些则会混乱听者的思路。口头禅会拉低一个人的形象，会影响一个人的综合素质。无论出于什么理由，我们都要尽量避开那些无意义的口头禅，有事说事，有天聊天。当然了，口头禅之所以称为口头禅，自然是个不容易改掉的毛病。但是，只要我们在说话时稍微注意一点儿，还是可以得到改善的。丢掉口头禅，做一个内外兼修的女人吧！

谈吐知性优雅，但不能不食人间烟火

优雅有内涵的女人，懂得在不同的场合、对不同的人说不同的语言；懂得用通俗易懂的语言向受众表达文化底蕴比较深厚的思想。她们谈吐优雅而又食得人间烟火，她们知性而又随和，因此惹人喜爱。

并不是每个人都懂得古典美、诗歌美、音乐美、哲学美，也不是每个人都知道尼采、四大名著、莎士比亚、黑格尔，更不是每个文艺的句子在任何场合、对任何人都适用。一个文化底蕴深厚的女人，并不会张口闭口"之乎者也"、哲学诗歌，只有那些想故意卖弄自己浅薄文化的女人，才会见谁都用文绉绉的语言，说啥都扯上《红楼梦》、尼采。聪明的女人知道，那只会导致话不投机惹人烦。

小琴是学中文专业的，看过很多中外名著，但是除了自己的老师喜欢她之外，父母、亲人、朋友等都不愿意与她说话，她总是感到很孤独。听她的朋友说，她变成这样就是因为书读多了，读"傻"了，读成了个书呆子。"每次聚会时，她动不动就扯哲学、谈古诗、说古文，一板一眼的，我们都听不懂，后来只能随她去了，聚会也不再叫她了。"

小琴的父母也表示，这姑娘读书虽多，但不知道变通，不懂得见什么人说什么话，一家人在一起吃饭时，大家你一句我一句，聊得挺高兴的，但只要她一开口，大家就都不愿意搭话了。因为她说的那些要么没人知道，要么知道那么一点儿，可不过是道听途说，生怕说错了，在一家人面前丢了面子。所以，都不愿意搭理她。

案例中的小琴看书虽多，能一板一眼地聊古文、说哲学，可见她的语言并不会存在什么不敬或者出现污言秽语，但是除了她的老师之外，她的亲人、朋友都不愿意跟她聊天，包括她的父母，而造成这个局面的很大原因就在她自己的身上。就像朋友说的，小琴太死板了，读书多了，读"傻"了。

家人、朋友聚餐，本是一件很让人开心的事，可以叙叙旧、聊聊天，小琴却一上来就说古文、聊哲学，自然是很扫兴的。且不说听者的知识水平怎么样，能不能听懂，就单说在任何场合都说这一点，就显得小琴很没礼貌，不知道的还以为小琴在嘲笑他人文化浅薄、故意刁难自己呢。

小艾是一名大学生，毕业之后直接回到老家，成了一名公务员。一开始，同事、村民们都很喜欢她，认为她为人谦逊，又受过高等教育，懂得很多，于是有什么事都会来找她。后来，他们发现小艾早已不属于这个村庄了，说的话大家都听不懂了，也没那个闲心去听，就干脆都躲着她，有事另找他人，这让小艾很受伤，不知道自己做错什么了。

原来，小艾很能说，但是总说不到点儿上，正所谓长篇大论无一重点。每次村民找她办事，无论轻重缓急，她都会很耐心地把相关政策说给村民听，而且也不用大白话，直接使用各种书面语，村民哪里听得懂这些政策啊，况且就算听懂了又有什么用呢，又不能解决实际问题，地里还有一堆农活儿等着干呢！后来，村民们遇见小艾都会绕着走。

且不说村民的知识水平有限，听不懂政策法规，就连很多地方官员，都需要花时间去消化、去理解、去落实。小艾这么长篇大论地说，除了浪费彼此的时间之外，还会惹人厌烦，最终导致村民躲着她走。村民不需要弄懂通篇政策，他们只需要知道与自己有关的几个重点注意事项就行了，而且也不能照着政策的原话去说给他们听，而是要用通俗易懂的、直白简单的话来说，去掉那些官话、套话、客气话、无关的话，挑重点说。

说得好，不如做得漂亮，像小艾的这种工作性质，更多的应该是做，而不是说。纵然小艾能够将所有政策一字不漏地说与村民听，但正如村民所说，不说能不能听懂，就算听得懂又有什么用？而且小艾的这种工作方式也不对，可能会存在形式主义、走过场的官僚作风。

每个人都有自己的生活背景、文化水平、语言风格，谈吐知性优雅的女人懂得随机应变，知道对什么人说什么话，用什么样的语言风格，该高雅时高雅，该庄重时庄重，该随性时随性，该接地气时接地气。事实上，生活中的大部分人都是普通人，和他们交流时，就要尽量少地涉及晦涩难懂的专业知识，如果必须要说，就用通俗易懂、受众能听懂的方式去讲。

女人多读书，多出去看看世界，有助于提高自己的内在素养、开阔眼界、增长见识，但切忌读死书、太露风头，不要见人就显摆自己的文化底蕴。天上掉下的林妹妹不是任何人都可以、都愿意接近的，更多时候大家会选择远观；饱读诗书、侃侃而谈不是谁都羡慕的，一部分人为了生活早已筋疲力尽，哪还有什么闲情逸致去听你的高谈阔论。因此，女人说话时要注意场合、看清对象，知性优雅的同时，不要忘了自己身处人间，还得食人间烟火。

褪去强硬，本色出演以柔克刚

当下的生活节奏越来越快，人们的生活压力越来越大，再加上思想观念的革新，使大多数女性呈现出来的都是强硬的姿势，像男生那样大大咧咧地说话，尤其是那些在职场中稍微有点儿地位的女人，总是用生硬的、命令式的语气对下属说话，生怕别人不知道她的地位。其实，那只是她们保护自我的一种伪装。

新时代的女人越来越独立，她们自给自足，不再依赖任何人。与此同时，大部分的她们也褪去了柔弱的外表，大声、坚定地表达自己的想法。表面上，她们的语言听起来很强硬，很有力量，但实际上，她们的内心深处很自卑。她们害怕输，害怕失败，害怕被人瞧不起，害怕别人看到自己的不足。

媛媛是一个很有主见的人，现在在一家上市公司担任主管，手底下管着几十名员工。由于工作节奏快，工作强度大，她练就了雷厉风行的做事风格，总是用强势的态度，命令的祈使句或者快速的陈述句与下属沟通。一旦下属犯了错，她就会毫不委婉地直接批评；每当和下属遇到意见冲突的情况时，她总是和同事激烈地争吵，非得争出个对错。

媛媛强硬的说话方式引起了不少下属的不满，时间长了，即便是她有错，也生怕和她理论，就懒得指出了。这让媛媛越来越专制，她所带的团队也越来越散漫，工作效率越来越低下了。没过多久，她的一个错误决策，导致公司受到了很大的损失，她被人事主管劝退了。后来，她团队里的某个下属说，其实他当时知道那个决策的问题出在哪里，但就是看不惯媛媛的态度，不想听她强硬的话语，所以就想给她个教训，也不知道她能不能认识到自己的不足。

作为领导，每天需要处理的事很多，雷厉风行可以理解，但若是语言太强硬，态度太强势，就像案例中的媛媛那样，可能会引起下属的不满，导致下属态度涣散，不愿意全身心地投入工作，对上司的错误决策视而不见，最终造成整体工作效率低下，上司决策失误，损害公司利益，失去了工作。

作为一个职场女领导，媛媛的工作能力肯定不会差，她之所以失败，是因为言语太强硬，对下属的态度过于强势，导致了下属的反感。其实，我们完全可以用温暖的语言、和善的态度和下属相处，遇到冲突时微笑着听听对方的意见，如果对方说得有理，又是一个可行的方案，完全可以欣然采纳；如果下属不小心犯了错，可以委婉地提出批评，适当地给予对方肯定，让对方不因犯错而耿耿于怀，从而更好地发挥自己的价值。不仅在职场上如此，在生活中也是如此，以柔克刚，先扬后抑，也不失为一种智慧。

王女士在丈夫和朋友心中，是一个典型的乖乖女。她性格内向，说话很温柔，遇事不急，从容淡定，生活、工作都井井有条，深得领导、同事、丈夫、朋友的欢心。当看到朋友心情不好时，她会问："你看起来很不开心唉，怎么啦？"丈夫偶尔生气时，她会软弱地问："你生气了，是吧？"每次朋友听到她这么一问，瞬间就把烦恼抛却了；丈夫看到她弱弱的样子，即便再生气也选择原谅她了。

一次，公司投标的文件出现了问题，而她的老板最见不得员工犯错，尤其是在重要的事情上，每次有人犯错，老板都会大发雷霆、破口大骂，换成是其他人，早就被吓得语无伦次了。王女士则很淡定地站在老板面前，不急不躁、不快不慢地把问题说清楚，并且主动承认了错误，递上了解决方案，原本火冒三丈的老板看到员工这么沉得住气，在事情火烧眉毛之时还能这么从容，火气瞬间就被浇灭了，而且十分钦佩这个员工。事后，同事问她："你不怕吗？""怕啊，但是伸手不打笑脸人，我态度那么好，老板也会被感染的。"

案例中的王女士看似柔弱，实则很有力量。她话语温柔，给人送去温暖，让人不忍对她生气，这是一种以柔克刚的智慧；她从容淡定，成熟稳重，在急事面前能够保持冷静，找到问题的源头，给出相应的对策，这是一种临危不乱的勇气。因此，丈夫爱他，朋友喜欢她，领导赏识她。

当下的生活节奏越来越快，人们也越来越焦虑，每个人的生活都很不容易，没有人喜欢听命令、责怪、强硬的话语，也没有人喜欢一个强势、焦躁、冲动的人。聪明的女人懂得将急事慢慢说，将重要的事思考着说，他们懂得控制自己的语气、语速，让听者能够尽快接受。她们说话很温柔，却很有力量，平缓的语速增加了她们的自信；她们会把批评、命令、陈述的语气委婉、缓和地说，避免给对方造成命令、强势的感觉。

温柔是社会给女人的一个标签，是正面的、积极的；强势也是一个标签，不过带有一定的贬义色彩，用在女人身上，大部分是负面的、消极的。每个女人或多或少都会给自己穿一些保护色，而强势就是其中的一种，她们害怕受伤，害怕失败，她们的内心没有足够的安全感，她们用强势来表明自己的态度，来与世界斗争，即便是伤痕累累，她们也不愿意示弱。

其实，女人完全可以本色出演，用好以柔克刚的智慧，会比强势、硬碰硬来得更有力量。水至柔，却能载舟，能利万物，能纳百川。可见，真正的柔，并不是软弱、无能的表现，而是博大、有力的化身。因此，女人无须用强势的态度、强硬的语言来伪装自己，只要用好自己本性中的"柔"，便可克服困难，保护好自己，遇见更多的快乐。

看准说话对象，开口
让人喜欢

话不投机不仅会让谈话变得尴尬无趣，甚至还会惹人不高兴。会说话的女人深知，面对不同的谈话对象、身处不同的说话场合，说话的策略都是不一样的。同样一句话，对老人、小孩儿、病人、男人、女人，表达方式要不一样；同样一件事，在医院、饭馆、宴会、公司、家里，描述方式要不一样。看准对象说话，是女人会说话的体现，也是一种为人处世的智慧。

关注说话对象，遇见更精彩的世界

如果把我们一生中的社交圈分为内圈和外圈，儿时的我们主要接触的便是内圈，这个内圈主要由血缘关系、地缘关系和学缘关系构成，因为有家人的带领，我们没有太多担忧，沟通起来也相对简单。但当我们成长为少女乃至一个独立的女人时，必然要进入社会。在这个缤纷多彩却复杂异常的社会里，我们的社交关系会大幅度扩展，便形成了社交的外圈。圈子扩大了，相应地就需要我们各方面的能力都有所提升。而在这些能力之中，最重要的就是语言能力。

对待"见什么人说什么话"这个问题，一些女人会比较排斥："沟通中最重要的是真诚，见什么人说什么话，那岂不是要做个两面派？这样的虚伪，我做不来！"此时，便是我们需要成长的地方了，正如谎言有黑色谎言和白色谎言之分，两面派甚至多面派亦有正面、中性面和负面之分。正面的两面派如同白色谎言，对一些处于消极情绪的人来说，虽然情况确实不容乐观，但是基于"想让他们早日走出来"或是"不想让他们受到不必要的伤害"的心理，有意隐瞒真相，编出一个合适的答案，也未尝不是一种人间难得的温暖。

2006年，正处于事业上升高峰期的著名演员胡歌在拍完戏回家途中遭遇了严重车祸，经过抢救才终于摆脱了生命危险，但还是因为脸部、颈部大面积严重受伤，历经了漫长的修复期。但他不是一车中最不幸的人，最不幸的人是他的挚友兼助理张冕——经抢救无效已经离世。但他的同事 Karen 不敢告诉胡歌，只说其他人都没事，因为他们知道被毁容对一个演员来说是多么严重的事情，如果再让他知道张冕已经离世，那对胡歌来说将是多么残忍！很可能会成为压垮他的最后一根稻草。

在隐瞒真相的日子里，Karen 心中亦很难受，不仅要为胡歌的伤情四处奔波，独自承受好友兼同事离世的悲痛，还要在胡歌面前装出一切顺利、一身轻松的样子。虽然在最后终于顶不住胡歌的逼问和自身内心深度的煎熬，她终于跟胡歌说出了实情，但这份深情让胡歌十分感动，他努力开始新的生活，带着这一份深情，与挚友未完成的生命一起，活出了几倍的精彩。

这种完全为对方着想，而选择说什么、不说什么的做法，不仅让接收者深深感动，更让我们被这份善良和温情深受触动。这份触动不仅温暖着我们的心，更悄然深入到我们的思想，在我们日后的生活中，在我们也没有意识到的话语中，吐出饱含温柔的话语……

曾经，一名女教师辞职留下的一句"世界那么大，我想去看看"风靡全中国，也成为不少女人的向往。这是很好理解的，在创造一个温暖的小世界时，我们也有着去遇见更大的世界的渴望。但要知道的是，遇见的更大的世界是否美好，很大程度上取决于我们是否会关注谈话的对象，是否能根据谈话对象的不同灵活调整谈话策略。

在自家的游泳池中，你可以肆意地横冲直撞，但你若想体验大海的波澜壮阔，你就必须要遵守大海的规则。

——何炅

　　确实，为了整个社会的正常运转，社会制定了很多规则，我们的说话也多了很多限制。但若你仔细观察，便会发现其实周围的关系并没有想象中的那样机械。

　　生而为人，我们都是有感情、有思想的动物，而思想和感情便是拉近人与人之间距离的最关键的纽带。都说知音难觅，知音是一个怎样的存在？思想、情感上高度的灵魂契合。虽说我们无法成为所有所遇见之人的知音，可如若我们想拥有一个更为温暖更为和谐的环境，想生活在一个更加广阔和精彩的世界里，那么就请从关注说话的对象开始。

　　关于开篇提到的"中性的两面派"，其实很好理解——每个人因为不同的成长环境，接受不同的思想与教育，便会有不同的喜与恶、不同的心理诉求。所以对待不同的人，我们也要在能够表达自己想法与感情的基础上，将对方是否能理解、是否乐于接受等因素考虑到其中。真诚地选取与他们的心理诉求对应的部分，不仅能表现出我们对谈话的重视程度，更能使整个谈话变得更为顺畅，亦能减少双方作为独立个体的隔阂，增加对话的深度与意义。

　　比如说，如果要介绍当年的抗日战争，对于一个六岁的小朋友，我们常常只需要摘取几个抗战中的英雄事迹，生动地讲述出来，便能与他们心中萌发的英雄情怀形成共鸣，引起他们的兴趣；而对于一位想详细了解这段历史的学者，我们便需要将历史背景、发展情况、重要事件等事无巨细地交代清楚，对于学者在听我们阐述的过程中提出的一些疑问，我们亦需在认真查阅资料后给予详细解答。

在称谓中加入感情，拉近关系无障碍

名字，是我们这一生最为亲密的朋友，每一次呼唤，都会将两颗心一步一步地拉近；称谓，是对我们在这个社会中所扮演的种种角色的肯定；亲切的称谓，更是我们创造亲切、收获亲切，使人际关系正向发展的理想工具。

一项研究表明，每个人的耳朵在听见自己的名字时，都会变得格外灵敏。在研究中，工作人员做了几个系统的实验，其中两个有着明显的效果：在实验者进入深度睡眠时模拟电闪雷鸣和呼唤其姓名，通过多组实验，发现较低分贝的呼唤相较雷鸣更易让人惊醒；当在嘈杂的人群中亦能很快地分辨出有人在呼唤自己的名字。

似乎可以说，在每一个人的内心深处，世界上最亲切、最动听的便是自己的名字了。而记住别人的名字，正是我们进行亲切对话的开始。

周恩来总理在我们广大人民群众的心中始终有着一个较高的地位，这不仅是因为他对在工作中的鞠躬尽瘁和亲力亲为，更是因为他在许多细节中给我们带来的种种感动。其中一个流传最广的细节，便是他总能准确地叫出每一位和他一起工作的人的名字。

全国劳模叶娣在1958年去北京参加全国妇女大会时，得到了周总理的亲切接见，这对她来说已经是莫大的荣耀了。可是她没有想到的是，三年后的一天，周总理又来到自己的农场视察，竟然一眼便认出了她，并在不远处大声叫着她的名字！总理每天要见多少人，每年又要见多少人？连自己这样一个普普通通的人他都记着，还记了这么久，这么清楚。叶娣不禁被总理的伟大人格所震撼，并将总理作为继续奋斗的人生榜样。

周总理日理万机，却能长时间地、清晰地记住几乎同他接触过的所有人的姓名，除了他博闻强识的能力外，更多的是因为他能始终将别人认真地放在心上，做到真正的尊重和关心。在现代社会日渐错综复杂的关系中，这份尊重便是我们最为珍贵的初心。

在你的谈话中，让对方的称谓拉近你们的距离，这比你费九牛二虎之力去做其他事情更加事半功倍。

——卡耐基

当我们与对方已经不是第一面的关系时，我们便可以将名字改为称谓。而恰当的称谓相对于名字，更能拉近两颗陌生的心的距离。如若在称谓中再适当地加上一点儿真诚和情感，相信这一新的关系会迈向一个更高的台阶。

纵观当下的社会，时代在高速发展，人们都在竭尽自己的力量，期望获得属于自己的成功，却往往忽略了人际交往的重要性。其中，离婚率在短时间内迅速升高的情况，便是这个时代所暴露出来的亟待解决的问题之一。当然，这里面的因素太过复杂，有时代、社会背景等大的因素，亦有家庭关系处理问题上等小的因素。在这小的因素中，有一部分原因便是在称谓的把握上。曾有一位女人在离婚时无奈地调侃说："因为不了解，我们选择了结婚；因为太了解，我们选择了离婚。"

在不是特别了解对方的情况下，无论是男人还是我们女人，总是将礼貌放在第一位，小心翼翼地用着每一个称谓，在每一句话脱口之前都会再三斟酌；但我们又在不自觉间将婚礼作为关系的分界线。在婚礼之后，很多人都认为对方已经成为家人，如与自己相处了几十年的父母一般亲近，却不曾想过对方已经在我们完全陌生的世界中生活了十几年乃至几十年之久，而这份距离是无法在短时间里消除的。我们开始丢弃之前礼貌的称谓，亦丢弃了所谓的生活的仪式感，将对话的开始一律改成冷冰冰的"喂"或"哎"，面对爱人的反驳，亦会用一句"我们都已经是老夫老妻了"来回应。可想而知，这冷冰冰之后的对话将会为这个家庭带来怎样的气氛。

可以说，通过双方的努力，将一个冷冰冰的房子营造成一个温暖的家，几乎是每个女人一生的向往。要想走出这第一步，不妨从改变称谓开始，在称谓中加入自己的真情。这时，也许有人会反驳说："我们都是实实在在的人，多了一份不和谐的称谓，只会徒增我们之间的尴尬，这岂不是画蛇添足了吗？"

我们都知道，很多的所谓"实在"人，都是外冷内热的人，他们都对这个世界、对他的家庭有着深厚的感情，但表达是他们最不擅长的事，于是往往选择沉默，而有时候正是这份沉默，铸就了一个个误会，将其深情一点点掩盖。若这情形说的正是不善言辞的我们，那正是我们需要克服的；若说的是对方，则恰恰是我们改变对方并与之拉近关系的最好机会。可能两种情形都很难在短时间内产生理想的效果，甚至会被对方排斥，但请相信，只要我们将真心融进称谓中，对方在一遍遍的呼唤中，亦会一点点潜移默化地被影响。总有一天，他会对我们热情的称谓报以最为灿烂的回应。

当然，通过饱含真情的称谓拉近双方之间的关系的方法，也可以延展到更多的关系当中，比如父女、朋友、同事等。

把握年龄特征，创造顺畅交谈

父母给了我们独一无二的肉体，时间则将不同年龄的痕迹加诸到我们的身上，而我们每个人在自己的时间隧道中，都需要完成自己的使命。在说话的过程中，我们获得了一份份浓厚的情感或一个个精彩的经验，但我们都知道，对于表达和倾听的需求，每个人在每个阶段都是不同的，这便要求我们要学会面对不同年龄段的人说不同的话。

在不同的年龄阶段，人们的思想文化基础、观念的深度和对既成观念的坚持程度，都会有明显的变化，所以在与不同年龄段的人交谈时，就需要灵活调整谈话内容的侧重点和谈话的语言风格。这里，可以将年龄大致划分为三个大的阶段与层次——少年、中年和老年。

少年由于对世界的认知太少，普遍拥有强烈的求知欲和猎奇心。所以我们很容易便能够找到与他们的共同话题，但有共同话题并不意味着能与少年顺利沟通，这时便是展现语言魅力的时刻了。第一步也是最重要的一步，便是站在他们的立场上来观察事物，只有这样才能进入到他们的世界，和他们的想法形成共振，谈话也才能进行下去；其次，便是要注意说话时的语言风格，要注意多运用平易、幽默的语言来进行对话。当然，平易与幽默亦不能太过，因为与少年沟通通常是需要他们明白一些道理的。虽说有时他们的思想较为超前，有一定见地，但很多方面知识的积累却远不及我们，这时我们便要利用沉稳、慎重的态度来给予他们启发。

中年人对世界已经有了比较深入和全面的了解，他们普遍热衷于对理想和事业的探索。此时他们已经足够沉稳，心理也普遍比较成熟，有了丰富的社会经验，做事有条不紊。如若一个中年人具备以上几点优势，我们便可以放心地将事情交给他，把握一下事情的进度，而不需要反复叮嘱与核查。在语言上，我们只需要说出我们的需求和对对方的信任，便是最好的方式。

懂得换位思考，能真正站在他人立场上看待问题，考虑问题，并能切实帮助他人解决问题，这个世界就是你的。

——拿破仑·希尔

当我们与中年人交谈时，语言的科学性与哲理性是必不可少的。他们普遍逻辑性强，亦有很多自己的想法，有时难免会遇到他们坚持己见的时候。这时，作为女人，正确的沟通就可以将话题继续下去，甚至得到意外的收获，达到双赢的效果：在收到他们完整的想法后，对其认真地分析，并结合自己的想法，在整体的高度上做出利弊的比较和方案的取舍，求同存异。舍去任何一点时都要详细说明缘由，让对方理出一个新的思路，权衡取舍。

而对于老年人，他们历经了长时间的辛勤工作，普遍会有对退休生活的向往、对自己的爱好进行深度研究的渴望以及对过往岁月的怀念。

虽然在年龄上老年人已经不占优势，但他们普遍有丰富的人生阅历，所以在交谈的过程中，我们可以用阅历深厚来替代对他们年纪的提及，这样不仅可以减轻他们对时间的焦虑，还可以提升他们对未来的希望，收获一个更为精彩的晚年生活。另外，帮助他们回忆过往的经历，亦能使他们找到生活的饱满感和自己对这个世界的价值，这样便能够温暖他们的内心。当然，在交谈的态度上，也许因为身体虚弱，他们的语速会比我们慢很多，这时，我们要用耐心去安抚这段被放慢了的时光。在他们说话的时候，我们应该全神贯注地倾听，努力做到不插话，让对方明确地感受到自己的尊敬；在对话时，如需要说出自己的想法时，我们亦需要保持谦虚的态度，最好能询问一下对方对自己想法的分析，或许在他丰富的阅历下，我们能够收获一次醍醐灌顶的惊喜。

面对不同年纪的人，我们的谈话内容往往是不同的。但是，在有些情况下，同样的内容却要向不同年龄层的人去说，这时就需要我们注意转变表述的方式。

"同一交谈内容，对不同年龄的人，用语也应有所区别。比如打听对方的年龄，对老年人不宜说：'您今年几岁？'而应问：'您今年高寿？'或'您今年高龄？'对中年人不妨问：'你今年多大年纪了？'而对小孩则应说：'你今年几岁了？'如果我们不按年龄的实际去运用语言，就不能收到应有的效果。"

——林语堂《说话的艺术》

所以，这就需要我们将自己放入相应的年龄语境中，选择恰当的词汇去表达自己的意思，做到既合乎情又合乎理，这时我们便会发现，对方对我们的述说会回以灿烂的笑容，我们亦能感觉我们的想法得到了充分的表达。甚至，有时会因为我们精准的表达激发了对方的灵感，让对方乐于和我们分享思想碰撞的喜悦。

关注对方情绪，谨慎表达得意之事

慢慢地，我们会发现，在走向成功的道路上，人们普遍希望通过表现自己来获得周围人的认可，以此来衡量自己的成功与否。诚然，这种表现欲是人的一种基本诉求——得到正面的反馈，这是我们前行的重要动力。但若不能在适当的时间、适当的场合表达，便可能造成适得其反的效果。而这其中，最南辕北辙的便是当对方处于伤心难过的情绪中时，我们却情绪高涨地诉说着自己的丰功伟绩。

科学研究表明，声波在耳蜗内会转变成一种密码，供神经系统使用。经过神经系统的处理，听者可以感知到由声波转化而成的、表达说话者意思的词汇。而与此同时，心情———一种持久的、微弱的、能影响人的整个精神活动的情绪状态也会一起工作。所以，在接收信息的过程中，语言的交流效果一定会受到听者心情的影响。

人的自尊心都需要得到满足，如果你想树立一个仇人，你就处处表现得比你的朋友优越；如果你想要得到朋友，你就得让你的朋友表现得比你突出。

——卡耐基《卡耐基口才的艺术与人际关系全集》

好朋友伤心难过通常有两种主要原因：或许是在情感上产生了巨大的心理落差，或许是在事业中到达了一个瓶颈地带。此时，他所承受的情绪上的痛苦远远超过了事实的本身。而这时，如若我们在一旁绘声绘色地述说着自己的春风得意，就容易将其逼到崩溃的边缘。

看到因经营不善，导致公司倒闭，而一直心情低落的好朋友老张，罗勇实在不忍心任其这样下去，于是邀齐了最好的几个朋友到老张家中，想让他在温暖热闹的气氛中渐渐找回往日的活力。

大家都清楚老张的遭遇和此时的心境，便不约而同地对事业的事闭口不谈。但不消半小时，不胜酒力的老李便高谈阔论起来："老张，不就亏了点儿钱么，我们有的是时间去挣回来。你看我，两年前不还是租了个毛坯房勉强度日的穷小子么，但你看现在，我那两百多平的新房子都快要装修好了……"周围人听了，感觉形势不太对，都纷纷给老李使眼色，可醉后的老李依然侃侃而谈，说得兴奋了，更是干脆坐到了老张旁边，继续着他的"现身说法"。

老张的头越来越低，最后实在没了力气，趴到了桌子上。大家见此情景，知道事情已经到了最糟糕的地步，实在无力挽回，只得将老张扶进卧室，早早地散了。

作为好朋友，既然有心来参与安抚活动，都知道老李想要的结果肯定不是这样。他之所以对自己的情况大谈特谈，或许只是想用自己的成功案例让对方重拾信心，但我们仔细想想便会知道，"信心"永远不是别人给的，而是需要从自身所拥有、所积累的东西中获得的。

所以，在劝慰伤心难过的朋友时，与其用自己的成功来现身说法，倒不如选取一些更为失败的案例来降低对方的心理落差，再用一些由这些失败转为成功的情形来燃起对方对成功的希望与信心。

以上说到的这种伤心是显性的，我们很容易就能准确地捕捉到。除此之外，我们亦会遇到一些隐性的情况。

话说探春湘云才要走时，忽听外面一个人嚷道："你这不成人的小蹄子！你是个什么东西，来这园子里头混搅！"黛玉听了，大叫一声道："这里住不得了。"一手指着窗外，两眼反插上去。原来黛玉住在大观园中，虽靠着贾母疼爱，然在别人身上，凡事终是寸步留心。听见窗外老婆子这样骂着，在别人呢，一句是贴不上的，竟像专骂着自己的。自思一个千金小姐，只因没了爹娘，不知何人指使这老婆子来这般辱骂，那里委屈得来，因此肝肠崩裂，哭晕过去了。探春转身向老婆子骂道："你们这些人如今越发没了王法了，这里是你骂人的地方儿吗！"老婆子见是探春，连忙赔着笑脸儿说道："刚才是我的外孙女儿，看见我来了他就跟了来。我怕他闹，所以才吆喝他回去，哪里敢在这里骂人呢。"

——曹雪芹《红楼梦》

老婆子本是骂自己的外孙女，黛玉却在不觉间将自己代入其中，寄人篱下的现实促使她产生了误会，不禁悲从中来。在日常生活中，我们亦会遇到这种"言者无意，听者有心"的情况。在听到一句消极的话时，我们也经常会不自觉地将其套用在自己的身上，导致负面情绪迅速蔓延，严重的会使整个人都落入低谷。

所以，如果之前有过类似的经历，纵使对方当下没有明显伤心难过的情绪，我们在谈话时也应尽量回避，避免勾起对方不好的回忆和情绪。如果不小心失了言，就要及时止损，千万不能继续自说自话，也不能把话题转移到自己的得意之事上去。

转移注意力，冲淡失意者的悲痛

在朋友失意时，或许我们无法为其承受，亦没有办法帮助他们走出困境，但真诚的关心和陪伴会在无形中给他们一种精神力量，让他们不会因为太过孤独而失去向前走下去的勇气。如何关心呢？我们有许多事情可以做：默默地陪伴、真诚地聊天、一起运动、一起旅游……

几乎每个人都听过《孟子》中的这段文字，却常常在日常生活中，不由自主地陷入深深的困顿中。

"舜发于畎亩之中，傅说举于版筑之中，胶鬲举于鱼盐之中，管夷吾举于士，孙叔敖举于海，百里奚举于市。"

"故天将降大任于斯人也，必先苦其心志，劳其筋骨，饿其体肤，空乏其身，行拂乱其所为，所以动心忍性，曾益其所不能。"

"人恒过，然后能改；困于心，衡于虑，而后作；征于色，发于声，而后喻。入则无法家拂士，出则无敌国外患者，国恒亡。"

"然后知生于忧患，而死于安乐也。"

——《孟子》

在朋友陷入低谷的最开始的阶段，我们需要给他们独处的时间，让他们在独处的时间里理清自己的世界和将要走的道路。但这段独处的时间不宜过长，因为此时，他们的情绪会比较低落，随着时间的延长，他们对一件事情的思考往往会越来越消极，这时便需要我们在身旁进行开解。如何开解，便是能否带着他们走出消极情绪的关键。

我们或许无法将朋友的思绪直接从低谷中拉出来，但是我们可以收集一些或自己或双方都熟知的朋友，或一些名人由失败转向成功的案例，以此来开导朋友。如果朋友有特别崇拜的偶像，那就再好不过了，因为偶像身上的某一些点是其最为欣赏、亦是最为向往的，所以不管是其曾经崇拜的或是现在一直崇拜的偶像，都将会有着非常好的效果。将这些真实可触的案例加入我们的劝慰时，这些熟悉人物的事迹会悄然将对方的心拉近，使其更快接受我们的安慰，继而慢慢将紧闭的心敞开。同时，当朋友听到自己熟悉的人仍有相似的经历时，因案例的真实性，其心中对失败的恐惧和对未来的迷茫便会在很大程度上减轻。

这时，你会发现此时的朋友已经不是谁都不理的自闭状态了，虽然话不多，但每一个信号都向你表达着自己的心情已经没有之前那么低落、想法也没有之前那么消极了。接收到了这些信号后，我们便可以开始下一步的引导。回想一下过往中朋友有什么想体验、想完成的事，却因为种种原因没有付诸行动的，不妨在此刻陪朋友一起完成。

好多年了，你一直在我的伤口幽居。我放下过天地，却从未放下过你。我生命中的千山万水，任你一一告别。世事间，除了生死，哪一桩不是闲事！

——仓央嘉措

历经了越来越多的事情后，我们越来越深地被仓央嘉措这句看似消极、实则却能给我们带来巨大的前行动力的话所触动。

在大多数人的内心深处，往往都有着对极限运动的渴望，比如蹦极、高空跳伞、极地探险……如果你的朋友表达过这方面的想法，那么此时便是进行下一步的最佳时机：这些极限挑战不仅能够使朋友之前的负面情绪得到最大限度的发泄与释放，让其真切地体悟到"这世间，除了生死，哪一件不是闲事"的壮阔与释然；同时，大自然天然的治愈功能也会恰到好处地沁入朋友的心中，驱散其心中的阴霾。此刻我们要做的，便是帅气地向朋友抛下一句："这次你就跟着我，敞开了玩儿，一切由我安排。"用灿烂的笑容陪伴朋友完成一场完美的探险。

完成了一场意义重大的全新探险，便到了回归现实生活的时候。此时，朋友失意的情绪已经减少到了最低，但对未来的路或许还是没有很好的破解之道。所以，我们还需要陪着朋友分析现实，帮助其从这场失意中顺利地走出来。

或许有很多人会选择将朋友的失意之事完完整整地整理出来，然后帮其做系统分析，希望其能从整个事件中发现问题，从而加以解决。诚然，这确实是一个解决问题的办法，但很多时候，事件本身对当事人的伤害是非当事人无法真切体会的，每一次正面接触都将是对他们的心的撕裂，这里很多情况又是无关于"坚强地站起来"的，因为有太多的事本身就是一种伤害，而无所谓将其战胜的说法，只能说能够避免、能否将伤痛降到最低。

那么，遇到这样的情形时，我们又要怎么去用言语来解决呢？这时，对事件本身的分析和整理，我们可以自己去完成，也可以向更多知情人了解更多的细节，找到问题的症结，想出解决问题的办法。而面对当事人，我们只需要与其讨论事件的解决和规避之法。

真诚具体地赞美，能驱散阴霾

生而为人，我们普遍有着本质上的殷切诉求——渴望被周围的人乃至被这个世界所肯定。诚然，恰如其分地赞美不仅能让对方感受到温暖，更能促进双方的对话逐渐深入，进而成功缔造一段段触动心灵的深厚友谊。

就像卡耐基说过的，我们每一个人看到的自己或是他人，都不是真实水平的存在——我们都会或往高、或往低地评估着每一个人，包括自己。

很多时候在看到旁人的光彩时，我们会不自觉地把自己拿出来与之对比，这时便毫无悬念地得到了负面的答案。这时，如果一个朋友在旁，以一个客观的角度来观察，便会很容易找出其中暗藏的优势，正所谓"当局者迷，旁观者清"了。

仅靠一个赞扬我就能很好地活两个月。

——马克·吐温

苍茫世界，一个人的力量太过渺小，但因为赞美，这份力量便能冲向天际；漫漫未来，我们心中的未知太多太多，遮住了眼前的路，但因为赞美，我们能在恐惧的迷雾中看见一束在前方闪耀的光；种种困难，我们一次次被打压，痛苦不堪，但因为赞美，我们有了披荆斩棘的信心和勇气……正当我们对着赞美有着太多向往的时候，现实总是会快速地摇着我们的身体："快醒醒，快醒醒！"

小时候，听到一句赞美，你就会高兴地雀跃着，露出灿烂的笑容。但有一天，你会看到一个人前一秒还在对你大肆称赞，后一秒便转过身，向另一个人用同一套话语，这时的你开始明白，眼前的赞美不过是交际中必要的客套，于是你开始尽可能多地回忆着过往接收到的所有赞美，你开始发现，原来所谓的赞美是那么少……

在我们的生活中，有太多浮在表面的赞美将我们淹没，如泡沫一般，我们刚想向着这份温暖靠近的时候，它便破碎在眼前，没有了踪迹。这样的赞美再多，却终究不能替代真正的赞美在我们心中的地位。相反，正是由于这些虚幻的赞美，当真正的赞美出现在我们面前时，我们的眼眶开始湿润，深切地感受着它的温暖，将其紧紧拥抱，那么珍惜，不愿放手。而这真正的赞美便是——真诚具体的称赞——切切实实地指出每一个真实可触的优势，并不忘指出每个优势应该妥善放置在哪个合适的场合、哪个合适的时机、哪个合适的对象……

一天，小瑾来到一家服装店，但试穿了十几件衣服，总是感觉哪里不对劲儿，始终没有找到理想的衣服，于是准备离开到下一家找找看。正要走到门口时，一位温柔的店员微笑着走了过来："姑娘，刚才你一进来我就注意到你了，你的身材很好——纤细高挑，可以说是一个行走的衣架了！当然，如果你在试衣服的时候稍微挺一下胸，把头抬起来，自信一点儿，搭配你完美的身材，就会非常有气质了，你可以拿这件裙子去重新试穿看看。"说着，便温柔地将一条橙黄色的裙子递了过来。

小瑾没有尝试过这个色系的衣服，但是对店员的赞美却十分受用，所以还是将信将疑地拿着衣服去了试衣间。当她换上了裙子，看到了自己弓着的腰，瞬间就找到了之前一直纠结的"不对劲儿"，刚才店员的"自信一点儿"也刚好戳中了她的心。她尝试着抬头挺胸，再看看镜中的自己，嘴角开始慢慢上扬——终于看到了自己想要的效果！

出了试衣间，她又请刚才的店员推荐了几件衣服，每一件店员都亲切地给出了推荐理由——设计符合她的身材、能够突显她身上的哪些优势等。她一边看着上身效果超乎想象的衣服，一边听着店员的赞美，非常开心，甚至还有一些感激。最后，她不仅买走了三件衣服，还在结账时大胆要了这个店员的联系方式，不久后，两人便成了特别要好的朋友。

很多时候，我们又何尝不是一个个"小瑾"呢？在成长的过程中，每个人都会在一定的时间段、或多或少地生出一丝自卑，这些自卑如乌云一般，裹挟着低气压向我们侵袭而来，压得我们喘不过气来……而一份如及时雨般真诚具体的赞美，便可以消除这一切阴霾，让温暖的阳光洒进我们的心田。同时，我们的身体亦会随着由阴转晴、由沉重变轻松的心情，慢慢地轻盈起来。

丢弃标签，给予每个人最深的理解

世间人千千万，每个人都作为一个独一无二的个体而存在。从这个角度来说，每个人的位置都是平等的，这很好理解，也很好接受。但我们总会在不经意间将人进行区分成"三六九等"。虽然很多时候我们没有恶意，却在无形中给对方造成了伤害。

在天气变化中存在着"蝴蝶效应"，在我们的社交关系中亦存在着类似的"蝴蝶效应"。我们的每一句话语、每一个行为、每一个不经意间的细节，都可能或在当下或在未来产生某种或积极或消极的影响。正所谓"千里之堤，溃于蚁穴"，一些我们认为无足轻重的小事，经过时间的沉淀和积累，都可能会对未来的某一个状态产生无法想象的作用力，而这作用力便会用它强大的力量将受作用力者或举向天穹、或推向地狱。这种现象在有着不幸的人身上，往往会有更为明显的表现。

　　我感到自己被孤立了，完完全全地被孤立了。因为班主任老师终于下了决心，让同学们自己来选择可以携手并进的同桌。看着同学们的脸上个个喜笑颜开，我陷入了极度的悲哀和恐慌中：谁要和我坐？没人愿意和我坐的，谁让我成绩不好呢？早在老师宣布这个决定的时候，我就开始做自己的思想工作了。我说我不在乎，我可以坚强起来。可事到临头，我发现我实在是很在乎的，我的手心里，脚心里全是汗了。是的，我被孤立在一个小小的、黑暗的角落里，大家看不起我，用好像是怜悯，其实是幸灾乐祸的样子看着我。老师以为这样就可以让我发奋学习了，其实这使我看到一切都是没有意义的。

——一名班级倒数同学的自述

　　正如这名在班级排名倒数的同学，一个个微小的区别对待便是每一次蝴蝶的振翅，渐渐地深入到他的内心，在潜移默化中被自卑吞噬，眼前的一切色彩都变得黯淡。最终，他发出了"一切都是没有意义"的感慨与无奈。

说到残障人士，在交流上的区别对待几乎无处不在——我们往往会不自觉地将其归为一大类：弱势群体。却没有意识到"弱势群体"这个词本身便隐含着一种不平等的意思。纵使我们只是单纯地想给予他们更多帮助，让他们尽可能多地体验这个世界的精彩，但在日常的交流过程中，如果我们没有将"弱势群体"这个标签拿掉，便很可能会在谈话间施与他们隐形却致命的伤害。

其实我们现在不大会遇到明目张胆的人格歧视，更困扰我们的是不合理的社会观念。比如说像媒体报道，只要一讲到残疾人，就免不了感恩、励志、卖惨这些话题，我们上个大学、找个工作、谈个恋爱，就是身残志坚、正能量满满。但其实这让我们很不舒服。上学、工作、谈恋爱不是很正常的事情吗？难道我们就要天天在家哭泣才是理所应当吗？残障者面临的障碍并非来源于自身的损伤，而是有障碍的环境。这个观念太需要普及了。因为当下对于残障群体还是以居高临下的态度为主，媒体也总会从积德行善的角度去报道无障碍的进步，让残障人士不得不去表示感恩。他们不知道原来学校、公司、医院这些公共设施是有义务做无障碍建设的。这种姿态会导致残疾朋友丧失自己的权利意识。当下社会的无障碍设施还很不完善，他们没有站出来提出改造要求，反而觉得这应该是个人消化的问题。这种消化的结果是：他们都躲起来，变成了隐形人。而这又引发了另外一个问题——由于大家很少接触到残障人士，就很容易被一些刻板印象带偏。现在残疾人身上的负面标签多到什么程度呢？多到大家已经很难正常地使用残疾或残障这些词了，一些残障朋友自己都开始避讳这个词，已经不知道怎么形容自己了。其实用什么漂亮的词语一点儿都不重要，重要的是人们心中的认知。我希望它能回归本身的含义，不再让人避而远之——我是个残疾人，这没什么好羞耻的！

——一名叫"大程子好妹妹"的女性网友

残障人士本身在数量上就少了很多话语权，在人们带着固有偏见说出的话中，他们再次被紧逼到一个小角落，话语权变得愈加的小；而与此同时，我们对他们的偏见又再一次加深，如此在隐形中形成了一个恶性循环的怪圈。

当看到这一句句真切的铿锵话语，我们无不为之震撼。仔细想想，便会觉得她所说的不无道理：我们为自己能够更便利地生活，发明了一件又一件工具——电脑、汽车、电饭锅、空调……可一旦到了为残障人士建造无障碍设施时，其中的意思就往往变了味道，仿佛是我们在为自己积德行善所做出的附加行为，然后让这些"附加行为"感动自己。

当然，社会上并不总是有这种"有色眼镜"存在。在公交车中，我们会听到"请给需要帮助的乘客让个座"的温馨提示，"需要帮助"便是一个中性词，因为每个人都有需要帮助的时刻，在别人需要帮助的时候施以援手，是每个人最美的时刻，但若我们站在居高临下的角度去做一些施舍，便会像馊了的饭菜让人难以下咽，甚至导致他人在心灵上生病。当我们想表达热心时，先要想一下，我们是不是已经将"弱势群体"这个标签丢弃，我们是不是将对方平等地看待，再跟其进行对话。这样，我们才能让对方感受到最深刻的理解与最真诚的心。

瞄准性别心理差异，选择不同角度来交谈

性别差异是客观存在的社会现象，在我们生活和工作中的各方面都有体现。在语言使用的方面，更是因为心理上的差异而有着千差万别的表现，有时甚至需要经过一道翻译才能使信息和情感在异性之间较为准地传递。

在沟通交流的过程中，人们总是倾向于从自己的角度来思考事情，用自己的思考方式来对待异性的问题，却没有注意两性之间的巨大差异，于是造成了比较严重的沟通困境，矛盾和误会也可谓说是常事了。

柒柒对自己曾经因为交通事故在脖子上留下伤疤耿耿于怀。一天起床后，她来到镜子旁，再次看到了刺眼的疤痕，便转身噘着嘴对丈夫说："老公，你看，上次事故在我脖子上留下的伤疤到现在都没有消除，太难看了！"丈夫走过来看了看，平静地说："你可以去做一下整容。"看到丈夫如此平静，还让自己去做整容手术，柒柒不禁悲从中来："你竟然嫌我丑！"丈夫意识到妻子曲解了自己的话，忙解释道："我完全没有嫌弃你丑的意思啊。""不嫌弃我丑，为什么还要让我去整容？""整容确实是去除伤疤最好的办法呀，看你看到这伤疤会难受，我才给出整容的建议的嘛。"柒柒这才明白了丈夫的意思，但还是因为听了整容的话，一直隐隐地感到不舒服，丈夫也因为妻子的低气压而久久地感到不自在。

　　所以，在沟通模式上，因为在目的上倾向于问题的解决和成就的获得，男人往往只会注意到谈话本身的信息，很少将情感表达加入其中，他们总是习惯以"结果"开头，然后抓住事件的重点并加以解决，对事件细枝末节的交流，便要取决于当下的心情和时间的充裕程度了。而女人更倾向于情感的分享，事件本身或许并没有那么重要。她们往往会在交流中，将事件按照发展的顺序娓娓道来，因为她们认为只有这样，才能让听者完整地知道自己的心路历程，深刻地体会到自己当下的感受，自己的情绪亦能在交流过程中慢慢得到疏解。

　　女性使用的是建立联系和亲密性的语言，男性使用的是确立地位和独立性的语言。如，当男性听到一个问题时，他们常常通过提供解决办法来表现自己的独立性和控制力；相反，很多女性把提出问题作为一种加强亲密感的手段，女性提出问题是为了获得支持和联系。

　　　　　　　　　　——美国语言学家黛柏拉·泰南（Deborah Tannen）

　　在语言措辞的接受程度上，男人和女人亦有明显差别。在通常情况下，男人较女人更能接受率直、语重的词汇，而女人更倾向于用词委婉、细腻。因此，在跟不同性别的对象沟通时，充分考虑对方对言辞的倾向与接受程度，是让谈话愉快进行的良方。

　　一日，刘静接到了好姐妹晓燕的电话，晓燕在电话那头传来了低沉的哭腔："静，我刚做了乳房肿瘤切除手术，我只要一低头就能看见缝线，我好害怕……"刘静听着声音感觉不太对劲儿，于是立马说："你别害怕，你好好地躺在那里，不要胡思乱想，我这就开车过来看你！"说着便抓起手包向医院奔去。

来到医院，看到了躺在病床上一脸沮丧的晓燕，刘静十分心疼，她轻轻地握住晓燕的手安慰道："我之前也做过类似的手术，刚刚做完的那几天，我也像你一样，感觉整个世界都是灰暗的。但你看现在，我不是活得好好的吗！没事的，肿瘤切掉了就说明没事了。"晓燕听了，看着好友温柔的微笑，心情这才慢慢平静下来，睡了过去。

又一日，刘静的丈夫在饭桌上抱怨公司很多同事排挤自己，有什么要商量的事情都会避开自己。刘静想起自己小学时被同学排挤的经历，便安慰丈夫道："我小时候也遭遇过排挤，我理解你的感受，你可以试着与他们多沟通，慢慢地就会没事了。"丈夫听了，觉得妻子根本没有将自己的话真正放在心上，没有意识到问题的严重性，最重要的是，妻子一个有用的建议也没有，事情没有得到任何进展。想了想，心里便愈加难受了起来。

在安慰这件事上，刘静虽然都很认真地对待了，却形成了两种截然不同的效果。究其根本，还是因为她没有将两方真正的心理诉求加以正确区分——在女人诉说困扰时，她也许只需要这样一种感受：我不是一个人，纵使痛苦，我还有朋友的陪伴，在朋友那里我可以获得理解与共鸣，这便够了；可是对男人来说，当他们说出困扰时，往往是需要听者提出行之有效的解决方案，其次才是对他或低落或烦躁的情绪的抚慰。

如若我们没有考虑到男人与女人的差异，便会造成女人在与异性交谈时，话总是说不到点子上。

说好"场面话"，应酬
不再苦恼

职场女性，应酬是少不了的，而应酬时少不了要说或要听一些"场面话"。场面话左耳听，右耳出即可，不要当真，否则最终失望的只会是自己。至于场面话要怎么说，却是一门大学问。俗话说"到什么山头唱什么歌""见什么人说什么话"，职场女性要懂得用"我们"拉近彼此之间的距离，用好闲谈、寒暄，找个好话题，让应酬不再是一件难事。

女人，必须掌握一些"场面话"的技巧

在女人的生活、工作中，总会遇到各种各样的场合，比如朋友的婚宴、同学集会、员工聚餐、开会发言、颁奖发言等，每一种场合或多或少都需要我们说一些场面话，这些场面话要如何说呢？自然是有技巧的。

场面话，即简单的寒暄，是人际交往的润滑剂。一个女人的场面话说得好与不好，取决于她的人际交往能力，即是否能快速、有效地与聊天对象建立起良好的互动关系。一个女人若是能把场面话说好了，那她的工作、情感等方面的人际关系相信不会太差。

小雨今年30岁了，一是因为她把精力都放在工作上，无心谈恋爱；二是因为她性格太耿直，不屑说场面话，总是得罪人，人际关系不怎么好，所以一直没有找到男朋友。为此，她既着急又苦恼。五一假期，她与好朋友吃饭，把自己的苦恼对好友倾诉了一番。好友听后，说："其实，我可以给你介绍一个朋友，但是你得学会说一些场面话，哪怕是简单的赞美都行。"小雨想了想，点了点头，然后就开始在好友的帮助下练习怎么说场面话。

经过一段时间的"培训"，小雨总算是"出师"了。于是，好友定了一个日期，让小雨和对方见面。好友给小雨介绍的朋友在外企上班，说话风趣幽默，很是健谈，初次见面没几分钟，小雨便对他产生了好感。小雨对他说："我听我的朋友说，你的工作能力很强，早就

当上了项目主管，与你相比，我真是惭愧啊！"对方一听，心里很舒服，开始向小雨敞开心扉，讲自己的工作、生活，还表示还想再邀请小雨一起吃饭。"可以啊，我的荣幸，你都不知道你的见解对我有多大的帮助。"就这样一来二去，两人发展成了恋人关系。

在生活、工作中，我们会遇到像小雨这样不屑说场面话的女人，她们为人耿直，实事求是，不恭维、不奉承，觉得场面话太虚伪，说不出口或不愿说出口。但是，我们要知道，真正了解我们的人并不多，真正的朋友没有几个，大部分人只是生命中的过客。在真正的朋友那，我们可以无话不谈，而且不需要任何场面话，甚至双方不说话也不会觉得尴尬。但是面对场面上的朋友，可不能什么都说或保持沉默，那会陷对方和自己于尴尬的境地，甚至可能会在不经意间得罪对方，不小心就给自己带来损失。有时候，学会说点儿场面话，不仅有助于缓解尴尬的气氛，还会对自己的工作、感情有帮助，就像案例中的小雨一样。

有时候，我们会在宴会上遇见来打招呼的陌生人；有时候，我们要去参加多年不见的同学聚会；还有时候，我们需要在会议上表达自己的观点……这时，我们都需要学会说点场面话。比如，你觉得某个同事的方案很差，根本就不可用，当老板让你点评时，你不能直接说出自己的想法，那样不仅会让做方案的同事下不了台，还会让同事们对你避而远之，你可以说："你的方案很不错，一看就是花了不少心思。但是我认为，要是能补上以下几点，就会更加完美了……"这样说的话，既不会得罪对方，也表达了自己看法。

王女士在一个工作岗位上已经干了五年，她很想往上升。最近，她发现公司的某个部门有个空缺，是她想去的岗位，而且自己的各方面条件都符合该岗位的要求。于是，她私下请岗位调动负责人吃饭，并把自己的想法告诉对方，对方听了之后，连连应允："没问题，这事包在我身上，保证办到！"但是大半个月过去了，对方一点儿消息都没有，而且她也找不着对方，每次去对方的办公室或给办公室打电话，对方的秘书不是称对方在开会就是出去了，王女士根本见不着这个负责人。又过了几天，王女士听说这个岗位被安排给了其他人，王女士很气愤地说："他当初可是承诺过我的啊！"

王女士犯了一个严重的错误，就是把场面话当"真"了。场面话大都是礼貌性问题，并不能当真。在这种场合，对别人承诺或者拍胸脯保证的话，我们要理性对待，不要抱太大的希望，以免失望之后给自己带来期望落差。同样，面对别人对自己说的恭维话，我们也要保持冷静，客观地评价自己。

某女士在参加一个鸡尾酒宴会时，一位外国人向她走来，并向她伸出手，想与她打招呼。她立刻放下手中的冰橙汁，与对方握手。对方笑着问："你的手怎么这么冰呢？"女士忙指了指刚才放下的冰橙汁，试图开口解释。这时，对方连忙摆手打断她，说："我知道你的心是热的。"女士恍然大悟，看着对方笑了。

其实，这不过是对方用来打招呼的一种场面话罢了，对方并不关心这名女士的手为什么是冰的，他只不过是想与她认识，所以以此为突破点罢了。这个案例体现了场面话的一个特点：醉翁之意不在酒。

在日常的交际中也是如此，一些人会问你要张名片，甚至会要我们的联系方式，或者对我们说"下次有机会还要一起吃饭"，这些举动有可能是出于真心，也有可能是"醉翁之意不在酒"，他们并不是真的想与我们有深入的来往，只不过是想在社交场合中表现得更加友善和热情罢了。

一个女人，一要学点儿场面话，二不要把场面话当"真"，三不要对场面话进行解释。不同的场合、不同的对象、不同的目的，场面话不同，女人要学会灵活变通，随机应变；对场面话中各种信誓旦旦地保证，不要当真，以免让自己失望；不要试图解释，因为对方并不关心。当对方夸你漂亮时，你只需报以微笑，向对方说声谢谢就可以了，无须过分谦虚，也不能因此而自满。场面话就是这样，点到为止，无须再深究，既不失礼貌，也避免了尴尬。

到什么山头，就要唱什么歌

俗话说："到什么山头唱什么歌，遇什么人说什么话。"为人处世高明的女人，一定懂得这句话的意义，即什么样的场合、对什么样的人，说什么样的话。

说话看似简单，却是一门复杂的艺术。一个女人是否会说话，不在于话说得多还是少，说得流利还是结巴，而在于是否能准确地表达意思，听者是否能听明白。听者能否听得明白，就要看你会不会说话了。因此在社交场合中，女人要懂得不同的场合有不同的说法，不同的对象有不同的说法。举一个最简单的例子：对自己的配偶，有的女人称"丈夫"，有的女人称"爱人"，有的女人称"先生"，还有的女人称"老公""我家那个""孩子他爸""老伴儿"等，根据不同的文化水平、不同的年龄阶段、不同的生活习俗，女人对配偶的称呼就不同。

小张和大学室友小刘毕业以后不在一个省份，她们毕业时曾承诺，谁先结婚，后结婚的那个就要去做伴娘，不管路程多远、工作多忙，必须到位。后来，小刘先结婚了，为了履行承诺，小张特意赶到省外参加小刘的婚礼，并以伴娘的身份见证了小刘的幸福。因为工作比较忙，第二天晚上小张就跟小刘告别，小刘本想送她去机场，可是小张说："放心吧，我打个车就到了，挺晚的了，我可不想打扰你们休息！早日给我造个'小人儿'出来啊！"然后笑着上车离去。

在新婚场合，小张的玩笑点到为止，既不陷新人于尴尬的境地，也给新人送去了满满的祝福，既缓解了离别的不舍，又给新人送去了温暖，给人一种善解人意、识大体的感觉。一些女人跟小张一样，会拿新人开玩笑，但她们又与小张不同，她们的玩笑开得太过，让人下不了台。

到什么山头唱什么歌，这是一个场合问题，"注意场合！"是我们常挂在嘴边的一句话，这是一句带有警告意味的祈使句，意在提醒对方不要无理取闹，要有场合意识。比如，在喜庆的婚礼上，我们不宜与男朋友就对方是否出轨大吵大闹；在严肃的政治会议中，我们不宜拿国家大事、国家关系开玩笑；在电视节目、访谈、对话中，我们不宜信口开河，胡言乱语……

　　刘女士外出打工十几年了，又嫁到了外地，难得回老家一趟。这次回家探亲，刘女士原本打算在家多住几天，可是没待上几天，就想赶紧离开了，原因竟然是受到家乡人的排挤。刘女士因多年在外地，常年说带有方言的普通话，回到家之后，刘女士对任何人，包括那些从未出过远门的没有文化的老人，都说夹有外地方言的普通话，而且说的都是外地的、别人听不懂或者不想听、不关心的事，年轻人还勉强听得懂，跟刘女士一般年龄的或比刘女士大的人，完全听不懂她说的是什么。"南腔北调的，也不知道她在显摆什么。"村里人这么说她，都纷纷在背后议论她，也不给她好脸色，最终她受不了，刚回家几天就走了。

　　刘女士既然回到了家乡，就应入乡随俗，回归本土，说当地的语言，这是对他人的尊重。而她不分对象，也不管对方能否听得懂，说着一口家乡人听不懂的语言和事，最终被家乡人排挤，不得不离开家乡。这个结果虽在情理之外，却又在意料之中。且不说刘女士生在这里，长在这里，有这里的语言基础，多尝试讲讲就可以恢复语感了，就算是一个完全没有本地方言基础的外地人，到了一个新的地方，尤其是偏远的农村，要想在当地工作、生存，单单会说普通话也是不行的，也得学习方言。一些地方官员就面临这样的问题，他们要搞好工作，要到群众中去，要帮群众解决问题，就要学讲当地的方言，否则就无法开展工作。

　　刘女士的问题就是一个场合问题，一个"到什么山头唱什么歌"的问题。我们说话的对象不同，话语方式就应有所不同，即是对什么人说什么话。无论是回到家乡，还是去到别处，都要积极融入当地的环境，而融入其中的最直接的表现之一就是说话。

每个女人都在扮演不同的角色，或母亲、或女儿、或妻子、或闺蜜、或同事、或老板、或员工……在不同的场合扮演不同的角色，每个角色不仅是做的事不一样，责任不一样，说话的方式也是不一样的。比如，和闺蜜聊天时，可以百无禁忌；而作为一名员工时，就不是什么话都能说了。这就是什么场合说什么话，到什么山头唱什么歌。

除了扮演多个角色之外，每个女人都会遇到各种各样的人，有老的、少的、高的、瘦的、本地的、外地的、同行的、外行的……这些人的文化水平、知识构架、生活环境、视野见识等都不一样，面对不同的人，我们要说不同的话。

一个有智慧的、会为人处世的女人，每到一个地方，都能够很快融入当地的环境，融入一个新的场合中。因为她们懂得到什么山头唱什么歌，遇什么人说什么话的道理，知道什么样的场合、对什么样的人该说什么话、该怎么说，能够保持良好的人际关系。

寒暄是完美沟通的开始

还记得生活中那些"去哪里呀？""吃饭了吗？""久仰大名""幸会幸会""今天天真好啊！""中午打算吃什么？""你瘦了唉！"等寒暄语吗？你有没有注意到，这些寒暄语常常是一次完美沟通的开端呢？若是没有，你可以从现在开始留意一下，我相信结果一定会让你对寒暄的作用大吃一惊的。

熟人、友人、不太熟悉的人或者同事，如果在没有计划的情况下遇到了，我们往往会主动打招呼，以免让对方认为自己没礼貌。

这时，我们通常会胡乱地聊几句，如"哎呀，好久不见，你要去哪啊？""你好啊，又见面了啊！"这类话就称为寒暄；住了几天院，要出院时碰见护士时聊几句，护士说"恭喜你出院了，要好好保重身体啊。"这个也称为寒暄；与客户见面谈项目前说两句题外话，如"路上可真堵啊""今天可真热"等，也称为寒暄。说得简单直白点儿，寒暄即是一种嘘寒问暖、谈论天气之类的应酬话。

陈女士是一名护士，每天都要与病人打交道，有的病人住院时间长了，偶尔遇到时，会相互打招呼。一次，一位病人要出院了，在走廊上遇见了正在给其他病人送药的陈女士，便与她寒暄了几句。得知病人要出院，陈女士真心为病人感到高兴，她笑着说："哎呀，你今天出院啊，恭喜恭喜，欢迎你再来啊！"话刚一出口，陈女士便觉得不对，于是又加了一句："再来看看我，哈哈。"虽然这样说有点儿不对，但总比什么都不加好，什么都不加就好像是在诅咒病人似的。吸取了这次的教训后，陈女士再遇到类似的情况时，就会换一种说法："恭喜你出院了，你的身体其实很好的，要多多锻炼啊，我可不希望再在这里看见你！"这么说就将祝福和嘱咐都融进去了。

每个病人都希望平平安安的，生病住院了，都希望早点儿治好病，健康快乐地回家。陈女士寒暄时用"欢迎你再来"，就好像盼望着别人生病似的，当然这很可能是说习惯了，一时口快，毕竟平时去别人家做客或是我们去买东西时，总会听到"欢迎再来"的话语，但若是遇到斤斤计较的病人，很有可能会引发矛盾。而后面陈女士的寒暄就很让人舒适了，既包含了对病人的祝福，也把出院后的嘱咐融在里面，病人听了也会很高兴、很感激的。

由此可见，寒暄的内容要合适。对不同年龄的人，寒暄的方式要不一样。比如，当我们遇见老年人时，可以问"近来身体好吗？"遇到年轻人时，可以问"工作怎么样，忙不忙啊？"遇到小朋友时则可以问"今年几岁了，上几年级了？"另外，对不同职业的人，寒暄的方式也要不一样。比如，遇到工人时，可以问"收工回家了啊！"遇到商人时，可以问"最近生意挺好的吧？"遇到教师，则可以问"没课了？"

王女士性格内向，话很少，但是当遇见熟人时，出于礼貌，她还是会硬着头皮跟对方打招呼，"吃了吗？""去哪里啊？"是她最爱说的两句话，无论什么时候，她必问"吃了吗？"

有一次，下午三点左右，她在路上遇见一个熟人，于是像往常一样打招呼说："嗨，你要去哪啊，吃了吗？"搞得对方莫名其妙："都几点了，早吃了。"后来，大家发现了王女士的这个毛病，每次相遇时，还没等她开口，就回她"吃了吃了，早吃了"。然后就笑了，弄得王女士尴尬极了。

王女士只知道寒暄是一种礼貌，但她忽略了寒暄也是要看时间的，不合时宜的寒暄是会闹笑话的。人可以在任何时候吃饭，但若是在任何时候都问"吃了吗"就会显得很奇怪，会让人觉得不合时宜，就像早上遇见熟人时说"晚上好啊"一样。

寒暄不仅要分场合，还要会看事，懂得灵活变通，正如我们不能24小时都问别人"吃了吗？"一样，当我们在路上看见别人行色匆匆时，简单地打个招呼就好，不要拉着别人说东说西；当别人正在焦头烂额地减肥时，寒暄时就要避开吃、胖等话题……

吴女士跟客户相约在咖啡馆谈事，两人见面之后相互寒暄："你住哪里啊，怎么过来的？远不远？""不太远，一趟公交就到了。""公交难等得很。""可不是，我等了将近一个小时。""辛苦辛苦，听说你有一个很可爱的女儿，几岁了啊，有没有上学呢？""7岁了，上一年级了，很可爱的，有时间可以去我家玩儿，她很喜欢交朋友的。""好啊好啊，我也有个女儿啊，今年8岁了，刚上二年级"……两人聊着聊着，竟然忘了谈正事，等记起正事时，时间已经太晚，所以不得不约在下次再谈了。

吴女士跟客户的寒暄太长，耽误了正事，这是要不得的。寒暄的目的是使双方相互熟悉，为接下来的谈话营造一个轻松愉快的氛围，所以点到为止就好。我们要记住，寒暄不是谈话的重点，不能像吴女士这样主次颠倒，否则就会耽误正事。在寒暄的过程中，我们切记不能犯这样的错误，无论怎么谈得来，都要及时收住。如果双方实在是很谈得来，完全可以在办完正事之后，私下再找时间好好聊聊。

寒暄很简单，有时候只是一个眼神、一个微笑、一个手势；寒暄也很复杂，在不同的场合、不同的时间，面对不同的对象，需要不同的寒暄方式。我们说寒暄是一种嘘寒问暖的应酬话，但是怎么嘘寒、如何问暖，却难倒了很多女人。一个懂得寒暄的女人，会是一个很受欢迎的、善于观察的、善解人意的女人。

找一个好话题，和任何人都能聊得尽兴

当今社会在不断地求新求变，我们的生活节奏不经意间也变快

了，身边总有一些来来往往的陌生面孔，新闻热点一个接一个，五花八门、应接不暇。在这样的大环境下，想要与任何人都聊得尽兴，就离不开一个好的话题。

人与人之间的交流是双向的，你来我往才叫聊天，而我们能否与他人聊得尽兴，与话题的好坏息息相关。一个好的话题，可以拉近你与陌生人之间的距离，可以提升你的形象，可以达到交谈的目的。一些女人对好话题有误解，她们认为风趣幽默、热门时尚、奇怪有趣的话题才叫好的话题，事实上并不是这样的。一个话题的好坏取决于你所在的环境、所遇到的人、对方所关心的事。

杨女士很害怕公司来新同事，尤其是自己的部门，因为她不知道跟这些新同事说点儿什么，也不敢主动跟他们交流，除了工作之外，就没有其他话题了。在新同事面前，她总是觉得很不自在，很尴尬，因此每次来新同事，她都尽量避开，如果双方工作上没有交集，十天半月她都不会和对方说话，甚至连对方的姓名都是从其他同事那里知道的。有时候，早上上班在楼下等电梯时，会有陌生的面孔跟她打招呼，她就会回了对方一个礼貌而不失尴尬的微笑，因为她根本不知道对方叫什么，生怕多寒暄两句就让对方知道这一点而引发尴尬。等进办公室时，她发现对方就是本部门新来的同事，更是觉得惭愧。

工作中，随着人事岗位的变动，少不了会有新的面孔，怎么与新同事聊天，是一些职场女人所头疼的，一是不知道对方的喜好、避讳，可能一句话不对，就触犯了新人的忌讳；二是除了工作之外，找不到其他话题，而工作并没有什么好聊的。当然，生活中也会有这种情况，比如我们去参加朋友的生日聚会时，来参加聚会的人中会有一些陌生的面孔，怎么与这些新朋友交谈呢？

　　遇到新同事、新朋友时，我们一时会不知道该说点儿什么，这是不利于我们的人际交往的，甚至可能会给我们带来自卑的心理。因此，我们要学会找话题，为了使交谈顺畅，达到一个好的效果，我们需要找一个好话题。好话题从哪里来呢？从电视里、从生活中、从工作中、从新闻中、从食品中、从赞美中……凡是你能想到的，都是好话题的来源；凡是对方喜欢的，能使双方交流更顺畅的，都是好话题。

　　小新最近很愁、很烦躁，因为她新交了一个男朋友，却发现自己跟男友约会时，总是不能在轻松愉快的氛围中交谈，甚至有一种没话找话的感觉。有时候双方都不知道要说些什么，便各自埋头吃东西，尴尬极了。

　　于是，她开始找问题究竟出在哪里。后来，她发现两人聊天时问的问题总是一句话就能解答，比如："这道菜真好吃，是吧？"然后对方常常为了偷懒，只回答："是的，很好吃。"小新决定改变这种交谈方式，她用"你觉得这道菜怎么样？"代替"这道菜真好吃，是吧？"显然，前者更能引导对方进入交谈。这样做了之后，小新和男朋友之间说的话越来越多，彼此也都更深入地了解了对方的喜好，话题也就跟着越来越多了。

　　从小新的案例中，我们可以知道，即便有好的话题，也要掌握一些交谈技巧，否则就容易引发尴尬。在聊天时，我们要学会引导对方交谈，问问题是一种最好的引导方式。比如"对北大学生卖猪肉事件，你怎么看啊？""对当下流行的慢就业风气，你持什么态度？"另外，请教的口吻也能引导聊天。比如："你的发型真好看，你能教我怎么弄吗？""你拖鞋上的图案绣得真好看，能教我怎么绣吗？"等。引导交谈的方式有很多，我们可以随意选择，保证谈话在轻松愉快的气氛下进行就可以。

找一个好话题，用双方最舒适的方式去谈，这样的谈话会让人身心舒畅，会让人体验到谈话的乐趣。凡是你能想到的，都有可能是个好话题，在与陌生人初次交谈，不知道对方的厌恶喜好时，我们可以以交通、天气为话题；在鸡尾酒会上，我们可以就眼前的美食、美酒展开谈论……每一个话题，我们都可以选择不同的谈话方式，力求谈话的简单、舒适。

在通常情况下，与对方有关系的、对方关心的话题会是一个好话题，不同的人、不同的角色、不同的职业，所喜欢的、关心的话题并不一样。比如，与一个乒乓球运动员交谈，我们可以与对方聊聊乒乓球的比赛、人物、故事等；面对一个新媒体文案工作者，我们可以与他聊聊当下软文的情况；面对一个服装设计师，我们可以聊聊她的服装设计理念；面对一个全职妈妈，我们可以与她聊聊孩子；面对一个老人，我们可以与他聊聊健康、养生……

时代在不断进步，新生事物在不断增多，人们的喜好在逐渐扩大，话题也在不断增加，反而让人不知道聊什么好了。因此，如何找到一个好话题，如何就好的话题展开聊天，成了每个新时代女人的一门必修课，如果一个女人能在这两方面驾轻就熟，那她的人际关系必定不会差，她一定会受很多人欢迎。各位女同胞们，向着这两方面努力吧！

寻找"搭腔"的机会，才能找到聊天的节奏

搭腔不同于搭理，搭理更多是一种被动的行为，而搭腔却是一种主动的行为。你主动上前跟人说话，是搭腔；别人跟你搭腔，你给人回应或不回应，是搭理。同样是由你发出的动作，只不过一个是你主动打招呼，一个是别人跟你打招呼后，你所做出的回应。一般来说，一个会搭腔的女人，视野很开阔，好奇心很强，人际关系也很和谐。

有些女人误解了搭腔的意思，把搭腔理解成套近乎，事实上并不是这样的。套近乎是牵涉到利益关系的，而搭腔并没有涉及利益，只是相互之间简单的沟通，或许是问路、或许是问问题，或许只是出于崇拜心理，做出的简单对话。举个简单的例子，一个教授去某大学做演讲，演讲完之后，很多同学都主动前去与教授搭腔，向教授询问自己心中的不解，彼此之间并不存在利益关系。

陈女士在五一假期独自去成都旅行，除了去比较有名的宽窄巷子、春熙路、锦里、熊猫基地、都江堰之外，陈女士还走访了成都的边边角角，寻找成都人的生活气息。每到一个陌生的地方，她都会主动与成都本地人搭腔，询问当地的习俗、生活习惯等，遇到自己不懂的，她也会找当地人询问。几天下来，她除了知道成都人爱吃辣、喜欢吃火锅之外，她还了解到成都人很会享受生活，生活节奏很慢，无论什么时候，都喜欢约上三五好友一起吃火锅，他们对吃的很讲究，

一点儿都不愿意将就。一次，陈女士主动与宾馆老板娘搭腔，一边帮她选墙纸，一边问她想知道的问题，两人渐渐熟络起来，最终对方主动邀请她到家里吃晚饭，她也因此知道了酸汤饭是什么。几天的旅行下来，她收获了很多意外的惊喜。

现在的女人都很独立，来一段说走就走的旅行是常有的事，而旅行的意义便是去一个陌生的地方，体验当地的生活，放松自己，开阔眼界，寻找更多的故事，遇见更多的人。攻略是当下很方便的导游，但最好的导游还是在当地生活的人们，从他们口中，你才能真正认识一个城市，感受一段风景。这时候主动搭腔便是最好的、拉近关系的方式。

有人会说，本地人都有欺负外地人的情况，但是我相信没有一个人会拒绝一个面带微笑、主动向自己问好的人。即便是个外地人，保持微笑，亲切地与他们搭腔，肯定也会得到真诚地对待。正如案例中的陈女士跟老板娘搭腔那样，意外拉近了彼此之间的关系。

陶女士最近工作变动比较大，从一个不需要与人沟通的岗位调到了必须常与人沟通的岗位，这让她一下子反应不过来。她开始羡慕那些口才很出色的主持人、尤其是当他们引经据典、出口成章时。于是，她想要改变自己。最初，她从身边熟悉的人开始，主动与他们搭腔。

一开始，当她主动向同事搭腔时，对方都觉得很惊讶，但看她那么热情，即便是自己不感兴趣，也会与她交谈。为了给自己信心，保证谈话的流利程度，陈女士决定先从自己熟悉的话题开始。在这个过程中，她会关注对方的肢体动作以及反应速度，注意对方的语言习惯，尊重对方的言谈举止，用心记住他人的观点。时间久了，她不仅能找到对方的爱好特长，还能轻松地把握谈话节奏。渐渐地，她开始尝试与陌生人搭腔，与对方聊共同感兴趣的话题，没过多久，她就完全能够驾驭新的岗位了。

不只是陶女士，相信大部分女人都很佩服口才流利、出口成章、引经据典、还能够随机应变的主持人。事实上，一个人说的话，与她见的人、历的事、看的书、走的路息息相关，主持人并不是生来就口才流利，就能够引经据典、出口成章的，他们是下了功夫的。正如案例中的陶女士一样，调到新的岗位之后，要想胜任新工作，就少不了主动跟人搭腔，主动找话题，用心去倾听，找回自信。

一个好的搭腔，其实是可以拉近彼此之间的距离的，可以给对方带去尊重和关怀。而好的搭腔，不是靠几句好听的话就能完成的，好的搭腔离不开一个好的话题、一个合适的时间。此外，还需要我们能够跟上别人的思路，不打断别人的话语，能够通过观察别人的肢体动作了解对方所想，根据情况灵活转换话题。

当我们与别人搭腔时，要试图表现得自然得体，笑容是必不可少的。在旅途中，一个笑容可以缓解旅途的疲劳，增加对方的好感；在工作中，一个笑容可以减轻工作的烦恼；在生活中，一个笑容可以让人暂时忘记生活的忧愁……任何人的生活都不容易，都不喜欢见到一张严肃的面孔来搭腔。因此，无论是出于什么目的、无论自己处于什么样的状态，在与人搭腔时，都不能忘了微笑。

搭腔，源于生活。与人搭腔，可以收获智慧，增长见识，结交朋友；与人搭腔，可以诉说家长里短，可以发泄心里的不快；与人搭腔，可以聊工作、聊生活、聊美食、聊电影……没有界限，没有限制；与人搭腔，可以答疑解惑，增强自信……当我们被生活、工作所困，不妨给陌生人一个微笑，尝试与陌生人搭腔，或许你将会从对方那里得到意想不到的收获。

抓住双方的共同点，让说话变得更轻松

人的一生，无非就是见人、阅事，见人，即是见陌生人。在任何时刻，我们都可能遇到不熟悉的陌生人，在街上、在旅途中、在火车上、在餐馆、在工作中、在聚会上……若是我们能抓住双方的共同点，就能很快拉近与对方的距离，会使双方的谈话变得更加轻松。

每个人都有自己的人生阅历、知识背景、生活环境、性格爱好，在与陌生人交谈时，我们往往不能像与好友交谈那样随意、自如，一方面是因为我们心存芥蒂，不信任对方，无法打开自己和对方的心扉；另一方面是不知道聊点儿什么，觉得尴尬。而解决这两个方面的最高效的方法，就是抓住双方的共同点，一旦抓住了双方的共同点，就可以在短时间内拉近彼此之间的关系，少了尴尬的氛围。

去年年底，王女士乘坐火车回家过年，因为路途比较遥远，她随身带了一本全球通史，打算在火车上看。一上车，她就开始看书，看累了，便合上书，打算发会儿呆。这时，坐在她旁边的中年女人笑着对她说："这本书挺好的哈，我也有一本，你看到哪里了？""哦，是吗？这本书确实不错唉，作者完全站在一个客观的角度，力求还原历史的真相，很难得。"王女士吃惊地答道。她们从书本里，谈到现实

中，起初只是聊历史，后来开始聊故乡、聊家庭、聊新闻热点，很快，她们就熟悉了，互报了家门、工作，当得知两人在一个城市上班时，都吃惊不已，并约定过年回来一起吃饭。后来，两人成了无话不谈的好朋友。

因为同一本书，王女士和中年女人由不认识到认识，由陌生到熟悉，最终成了无话不谈的好朋友。可见从共同点出发，会让我们有意想不到的收获。就如这个案例中，王女士和中年女士都收获了知识和一段愉快的旅途以及一份友谊。

案例中的中年女子是通过观察王女士的行为，发现了双方的共同点的。事实上，除了察言观色之外，我们还可以通过以话试探、听人介绍、分析揣摩、不断深入等方式来寻找双方的共同点。有时候，不是我们另类，与陌生人没有共同点，而是我们没有去观察、去探索，没有一双发现共同点的眼睛。

张女士因项目原因，被调到外地出差两个月，由于不熟悉环境，刚到新的办公环境时，张女士显得很紧张。和同事打完招呼之后，就不知道该说点儿什么了，只能干坐在座位上等着开会，项目负责人看出了她的窘迫，以讨论项目为由，把她单独叫到办公室。"刚来，还不太适应吧！"负责人笑着对张女士说，张女士尴尬地点了点头。"我听说你的专业技能很扎实，小小年纪就能独当一面了，实在是让人佩服啊！""哪里哪里，您过奖了。""我说的是实话，在你来之前，我看了你的履历，我发现咱俩竟然是同一所学校、同一个系、同一个专业出来的，算起来，我还是你的学长啊，我比你大两届。"

知道两人来自同一个学校时，张女士的拘束感一下就消失了，项目负责人又与她聊了一些有关学校的事，比如问她专业课的老师都有谁、食堂还是那么挤吗、上课是否还会占座……从双方的交谈中，张女士知道了项目负责人的某些经历和喜好，对他的脾气也有了了解。看着张女士的状态逐渐恢复，负责人将负责本项目的员工叫到会议室，开始对项目进行详细评估，不再紧张的张女士在会议上发表了自己对项目的新想法，指出了当前项目存在的不足、要做哪些改进等，一度让参与会议的员工拍手称赞。

当我们刚到一个新环境时，难免会觉得紧张，就像张女士那样。人在紧张时，会导致自信心不足，不能让自己的才华完全释放出来。案例中的项目负责人为了消除张女士的紧张感，事先对张女士进行了私下的了解，并特意找了双方的共同点，让张女士彻底放下拘束，最终在会议上能够自如地表达自己的想法，使会议取得了成功。

我们看到项目负责人是以双方共同的学校作为共同点，此外，我们还可以从其他很多地方寻找共同点。比如，来自同一个省、喜欢同一首歌、喜欢同一个作家、喜欢同一部剧、共同去一个地方、从事相同的行业、喜欢同一款式的衣服、住在同一个小区……只要有心，我们必定能找到与他人的共同点，找到相互之间的共同话题，让彼此之间的交流变得更加轻松。

一个优雅会聊天的女人，一定会从对方身上挖掘出共同点，她们会认真观察身边的人，会主动帮助他人，分享自己的喜怒哀乐；她们很细心，观察能力很强，很会照顾他人；她们会认真倾听别人的话语，从中寻找他人与自己的共同点，并巧妙地将对话引到共同话题上，给人以被尊重和温暖的感觉。

事实上，无论是与熟悉的人，还是与陌生的人交谈，共同话题都很重要，这是谈话能够进行下去的基础。试想一下，若是对方一直谈论自己不感兴趣的、听不懂的话题，你会想听下去吗？同样的道理，若是我们一直谈论自己喜欢的，而对方厌烦的话题，会收到一个什么样的谈话效果呢？因此，我们要学会寻找双方之间的共同点，将谈话变得有趣、有意义，这样我们的人际关系才会更加和谐。

虽然曲终人散，但也要言犹未尽

天下没有不散的宴席，也没有一场不会结束的谈话，但是一场好的谈话，就像一场好电影一样，即便是曲终人散了，依然让人意犹未尽，言犹未尽，还想有续集，还想再找时间好好聊聊，就像是陷入热恋中的恋人，不愿意向对方说晚安。

每天我们或多或少地都会和他人进行沟通，有时是沟通工作，有时只是随意的搭腔，有时是在饭局，有时是用电话，话题各种各样，方式多种多样。如果我们稍微留意一点儿，就会发现，有时我们会期待着某些谈话赶紧结束，而有时我们却不愿意结束谈话，即便是迫于压力终止了谈话，在心里还是会感觉言犹未尽，期待着下一次见面。

刘女士刚进入公司，还不认识公司里的人。中午吃饭时，同事王女士主动邀请她一起吃饭。王女士很热情、很亲切，无形中给刘女士一种家人的感觉。两人吃午饭时，王女士主动介绍自己，给刘女士讲了几点工作中的注意事项，并表示刘女士遇到任何问题都可以找她，她一定会尽自己最大的力量去帮助她，一顿饭吃完，两人很聊得来。从那之后，两人下班总是一起回家，周末总是一起出去玩儿，聊聊工作、聊聊生活、聊聊辛酸、聊聊喜乐，每次到两人快分离时，都还要站着再聊两句，都感到言犹未尽。

刘女士和王女士这样的关系会让大部分女人嫉妒，一些女人总是找不到可以敞开心扉的人，比起与人交谈，她们更愿意选择刷电视剧，自然也体会不到什么是言犹未尽，也不会明白为什么两个人在一起会有那么多话可说；还有一些女人总是把交谈看成是一种任务，总是忙着应付对方的话语，内心可能会产生排斥的情感。我们常常听见一些女人抱怨：这个年代啊，连个聊天儿的人都没有。事实上并不是没有，很多时候，是她们自己不会聊天儿罢了。

现代人的生活压力很大，一些人总是满脸愁容，几乎看不见她发自内心的笑容；当下的生活节奏也很快，人们心态浮躁，总是很忙，好像停下来交谈两句就会耽误什么大事似的。另外，当今的职场好像到处是自私、虚伪、冷漠，人们互相不信任，除了自己之外，并不关心他人的生活，没有耐心去倾听别人的诉说。没有笑容，人与人之间的距离就远了；匆匆忙忙，别人就不好意思打扰你了；不会倾听，别人也就懒得说了……最终我们会发现，心里的话竟然不知道该对谁说，哪还有什么言犹未尽呢。

杨女士很健谈，遇到谁都聊得来，但是大家都避着她，不愿意跟她聊天。原因是杨女士每次跟别人聊天时都能扯到自己身上，然后开始说自己的事：自己的家里长家里短、自己怎么怎么命苦、自己的孩子怎么怎么不听话……听起来像是在诉苦，而且一说起来就收不住了，而她也不管别人是否在听，或者别人是否在赶时间，是否还有事要做。每次她总是言犹未尽，但是别人早已受不了了。后来，大家每次见到她，即便是没事都说有事要忙，都躲着她，不愿意听她说话，就连关系好的，也像躲瘟疫一样躲着她。

像杨女士这样的交谈肯定是要不得的，即便是她自我感觉良好，甚至还言犹未尽，那也只是单方面的，一次不在乎听者感受的谈话，永远不能称为言犹未尽。另外，杨女士完全把别人当成了"垃圾桶"，什么苦、什么怨都向里面填，全然不顾及别人的感受，即便她自己说的是真的，但也很难激起大家的同情心，甚至可能会让人以为她是在装可怜，反而适得其反。

两个人的谈话一定是双向的，不能是一方只听，一方只说，必须得有交流才行。而且谈话时一定要注意，对方并不是"垃圾桶"，不要将所有的负面情绪一股脑儿地塞给别人，那样只会引起别人的反感。每个人都在用尽全力地活着，每个人都活得很辛苦，与人交流原本是为了缓解压力，如果对方再给你传播一些负面情绪，你自然不愿意继续跟对方聊下去。因此，女人在与别人聊天时，要注意把握分寸，注意话题和语气，可以适当用轻松的语言说一些不开心的事，但一定要注意，不要一味地吐槽。

好的曲子百听不厌，好的电影百看不厌，好的谈话百说不烦。一次好的谈话，无关时间长短，无关人物背景，无关特点环境，无关话题多少，只要是那个人、那颗心，就足够了。或许只是几分钟，或者长达数小时；或许对方是你的长辈，或许只是旅途中的路人；或许是在嘈杂的火车站，或许是在安静的咖啡馆；或许是指点你的工作，或许只是聊聊旅途中的趣事……

好的谈话，是好的关系的开始，即便最后曲终人散，也会让人言犹未尽，满怀期待。有时候，只是因为一次好的谈话，我们便遇到了人生道路上的知己；有时候，因为某一次意犹未尽的谈话，我们豁然开朗、心情愉快；有时候，一次言犹未尽的谈话，让我们产生一种"蓦然回首，那人却在灯火阑珊处"的豁达。因此，不管在任何时候，女人都不要去应付谈话，也许对方将成为你未来生活中的好朋友呢。

闲谈也是一种应酬的本领

随着时代的不断进步，女人的应酬也越来越多，而应酬不再像以前那样端庄隆重，而是变得越来越简单，越来越随意，这让闲谈的地位变得越来越重要，逐步成了一种应酬的本领。有时候，一个咖啡馆、一杯咖啡、几句闲谈，就是一场应酬。

闲谈随处可见，市场上、公园里、树荫下，到处都可以看到人们闲谈的影子。闲谈的话题是随机的，有时候是一件漂亮的衣衫，有时候是一身时尚的穿搭，有时候是家长里短的小事，有时候是眼前刚刚发生的某件趣事……其实，我们的应酬也属于闲谈，只不过可能是换了一个环境，加了某些利益因素在里面。

赵女士是某公司的项目经理，她的应酬很多，有时候是在自己的办公室里接待客户，有时候会请客户吃饭，遇到女客户时，她会根据对方的喜好选择一家环境幽雅的咖啡厅，或者干净整洁的餐馆接见对方，多场应酬下来，让她深知闲谈的重要性。

举个简单的例子：有一次，她要接待一个女客户，根据秘书提供的资料，她知道该女客户很有爱心，在资助偏远山区的孩子，由她资助的17个孩子已经大学毕业。当该客户到公司时，赵女士亲自迎接她，并主动提出要不要先去楼下的咖啡馆喝点儿咖啡，对方欣然答应。两人在咖啡馆坐定之后，便开始闲谈。"我听说你在资助贫困山区的儿童，你真的很了不起，你见过你资助的那些孩子吗？"赵女士在双方闲聊时问道。"哪里哪里，我只不过是尽我的力量去帮助那些需要帮助的人罢了。我只见过几个，其他的孩子我都会通过信件与他们保持联系，随时知道他们的近况，他们有什么烦恼都会跟我说……"

一场咖啡喝下来，两人竟成了朋友。女客户说："这次来，本是想让你们把合作项目的预算再降低一点儿，看在咱俩这么聊得来的份儿上，不降了，我们按原价把项目交给你，我相信你能把项目做好，我们会有一个很愉快的合作。"赵女士就这样达到了应酬的目的。除了见客户之外，赵女士还经常与下属一起吃午餐，一起闲聊，很平易近人，深受下属喜欢。

我们都知道，应酬是一种各方都带有利益目标的交谈，双方都具有很强的目的性。直白地说，应酬其实是一种谈判，双方都有一定的压力，甚至可能对对方持有敌对态度。而闲谈是一种让人放松的交谈方式，当你与某人闲谈时，一般不会带有攻击性，也容易让对方放松警惕，获得对方的信任，缓和谈判的气氛。就像案例中的赵女士与爱心客户的闲谈一样，整个应酬过程都很平和，双方甚至没有任何冲突。

闲谈并不是胡扯，想到什么说什么，而是要根据对方的喜好来谈。就像案例中的赵女士一样，她事先对客户进行了了解，在轻松惬意的咖啡馆接见客户，在闲谈时引导客户去谈对方喜欢的话题，一方面表现了自己对对方的关注，表达了自己的诚意；另一方面找到了对方感兴趣的话题，不至于让对方感到无法交谈。因此，闲谈的话题很重要，要选好恰当的话题。

章女士永远都想不到同事多次没有签下的合同，竟然在自己的手里签了，而且还不是因为工作能力，只是因为自己闲谈时幽默风趣的语言。

事情是这样的，由于同事们都没有签下合同，领导便让章女士去试试，因为她与该客户是老乡。领导告诉章女士，该客户会去参加某个酒会。章女士心里很犯怵，后来，她想反正那么多同事都没有拿下，自己拿不下也没关系，在酒会上就闲谈吧。

于是，在酒会上，章女士端着一杯果汁，笑着与酒会上的人打招呼。当她走向该客户时，并没有向对方递名片，只是简单地介绍自己的姓名以及来自哪里。对方一听章女士跟自己是老乡，便与章女士闲谈起来。"你一定去过很多次'三座大山'吧，也一定知道'三种人'，是吧？"章女士问道。"哦？我还真不知道你说的'三座大山''三种人'指的是什么，我虽是忻州人，但是一直在外省长大，对故乡并不是很熟悉，你能给我介绍一下吗？"对方说。"当然可以啊，'三座大山'是指五台山、芦芽山、阎锡山，'三种人'是指名人、美人、巨人……"

章女士用从小听到的有趣的话语向对方介绍家乡，不时引来对方的一阵笑声。最后，对方主动问她要名片，章女士向对方坦白了自己的公司以及自己参加酒会的目的。本以为对方听了会生气，没想到对方听完后哈哈大笑:"你比你的同事有趣多了,你真是一个有趣的女人,你明天把合同带到我的公司来,我签。"就这样,章女士通过闲谈,签下了同事没有拿下的项目。

在人们的潜意识里,应酬就是吃饭。有数据统计说,世界上80%的谈判都是直接或间接在饭桌上完成的。但是随着时代的不断进步,应酬不再仅限于饭桌,闲谈也变成了一种应酬的本领。章女士就是最好的案例,她放下任务与对方闲谈,通过自己幽默风趣的语言逗笑对方,赢得了对方的好感,最终签下了合同。

闲谈本质上是一种不用费脑费心的交谈,可以使人感到放松,而人在放松的状况下才能更好地展现自己,获得对方的好感,拉近双方的距离。一个会闲谈的女人,会在轻松惬意的环境下达到应酬的目的,提高自己工作的效率。闲谈话题多,语言风格随意,场所随意,可以聊文学、聊旅游、聊时尚、聊未来、聊当下;可以用平铺直叙的大白话说,可以引经据典地说;可以在餐厅、在下班的路上、在饭馆里、在酒会上说……闲话可以闲谈,正事儿也可以闲谈,谈好闲谈,做好应酬。

CARNEGIE'S SPEECH AND HANDLING SKILLS FOR WOMEN

第四章

随机应变的女人惹人爱

随机应变是一个女人为人处世的智慧，她们深谙方圆之道，不怕低头，不露风头，适当的时候懂得"装糊涂"。她们踏踏实实做事，清清白白做人，不掺和别人的是非；她们懂得以退为进，转换思维；她们会把拒绝的话包装起来，巧妙、委婉地说；她们尊重别人，不轻易伤害别人，给别人留足了面子，自然就会深受别人的喜爱。

能方能圆，活出自我

有智慧的女人，深知"做事方正，做人圆融"的道理。"方"是为人之本，彰显一个人做人的根本原则，而"圆"是为人处世的智慧，体现了一个人的修养、智慧。"方"是对己，"圆"是对他，女人能方能圆，才能无往不胜。

新时代的女人早已不再仅限于家庭主妇的角色了，在各行各业都会看到女人的身影，她们有自己的梦想、事业，有自己的为人处世之道，有自己的社交圈子，在职场上得心应手。她们中有些人深谙方圆智慧之道，知道什么时候该"方"，什么时候要"圆"，善用方圆智慧的她们，人际关系如鱼得水，事业蒸蒸日上。

俞飞鸿是中国著名导演、演员，在她刚入大学时，就有很强的自律性。她每天坚持晨练，晚上十一点半按时睡觉，从来不睡懒觉，桌子上总是收拾得干干净净。她每天都在努力学习英语，从不敷衍老师布置的任务，多次获得学校的奖学金。俞飞鸿不受周围同学的干扰，一心追逐自己的梦想，活成了自己。

一个能方能圆的女人，具有很强的自律性，她们懂得时间、生命的可贵，再忙也不忘锻炼、休息，她们不受周围事物的干扰，始终按照自己的节奏去生活。聪明的女人不会觉得束缚是负担，她们反而将束缚活成了自己的自由，因为她们的内心早已冲破了生活的枷锁，获得了真正的自由。正如案例中的演员俞飞鸿一样，该学习时学习、该睡觉时睡觉、该晨练时晨练，生活得井井有条，这是她高度自律的体现，也是她能方能圆的表现。

一次暴风雨天气，丈夫问妻子："如果我和你爸共同掉进水里，两人都不会游泳，你会先救谁啊？"妻子看着丈夫："亲爱的，你知道我很爱你的，但是非得让我选一个，我肯定会选爸爸，理由很简单，我的爸爸是生我养我的人，没有他就没有我。就好比我和你妈妈同时掉进水里，如果你选择先救你妈妈，我是完全可以理解的。你明白吗？"妻子虽然说得很有道理，但丈夫还是免不了有一些失落。妻子见了，俏皮地一笑："亲爱的，你不应该因此而失落，你应该感到自豪，因为你娶了一个很有孝心又大度的妻子。"丈夫听了，觉得确实是着这么回事，于是将妻子拥进怀里，给了她一个甜甜的吻。

"你爸（妈）和我一起落水，你先救谁"是一个老生常谈的问题，很多恋人都问过对方这个问题，有不少人会被这个问题难住，不知道该怎么答。两个都是自己爱的和爱自己的人，选谁都会得罪另一个人，这考验着一个人的情商。案例中这位妻子的回答，简直可以堪称教科书式回答，既遵从了自己的内心，又不得罪老公。一个能方能圆的女人，懂得站在别人的角度思考，坚持自我的同时也不忘考虑他人的感受，懂得协调家庭，维持婚姻关系。

出生在普通家庭的徐静蕾，长大之后从事演员的工作。40多岁的她，会演戏、会教书、懂书法、写博客、出书、办杂志，是演员、是导演、是老师。在《圆桌派》中，她向大众展现了自己的机智、真诚、爽快、智慧，无论是爱情、婚姻，还是生活、工作，她都有自己的见解。她跟随自己的内心，活得很明白。对外界曾给她的各种标签，她不以为然，并称这些标签并不会出现在自己的生活中。

一个能方能圆的女人，是一个真诚率直的人，就像徐静蕾一样，对婚姻、工作、生活、爱情等都有自己独特的见解，始终听从自己内心的声音，去做自己喜欢的事，不在乎外界贴的任何标签，只过好自己的生活。阳光正好，微风不躁，做一个不急不躁、不慌不忙的女人，享一份岁月静好，又有何不可。

一个能方能圆的女人，明白世俗的道理，却不被世俗所染，任何时候都有自己的处世原则。在别人眼里，她们是自律、优雅的化身，她们不争，却总是很优秀；她们不计较，总是受到亲戚朋友的欢迎；她们优秀，但不露锋芒，不招人嫉妒；她们不钻牛角尖儿，总是能把握好事情的分寸，知道什么时候该方，什么时候要圆；她们不被世俗所扰，总是积极乐观地做自己。

一个能方能圆的女人，适应能力很强，对环境、对他人、对自己，她们都不去苛求。当下的社会高速发展，人们掌握着环境的自主权，可以轻而易举地更换环境，但是能方能圆的女人知道，比起一味地更换地方逃避环境，通过调节自身来适应环境更明智；能方能圆的女人始终明白，在不同的阶段会遇到不同的人，不同的人来自不同的地方，受不同的教育，性格脾气不同，她们不去苛求别人适应自己的脾气、喜好，而是保持自我性格的灵活性，尊重他人；在情感、志向方面，能方能圆的女人并不会在一棵树上"吊死"，她们会正确地看待失败与挫折，能及时改变志向。

能方能圆，会让我们拥有和谐的人际关系，让我们的事业如鱼得水；能方能圆，会让我们拥有自律的生活，让我们身体健康；能方能圆，会让我们活成自己，会让我们的生活充满意义。我们要学着做一个能方能圆的女人，认真生活，活出自己。

女人懂得"善变"，才不会被淘汰

当我们说一个人善变时，常常是说这个人多变、不靠谱，无法给人安全感，是一个贬义词。但我们这里要谈的"善变"是一个褒义词，是一个女人自信的表现。一个懂得"善变"的女人，会拥有和谐的人际关系，能够更好地适应新环境，跟上时代潮流，对她的生活、工作、家庭都会带来很大的帮助。

当下社会不断发展，各种软硬件设施不停地更新换代：买来不到一个月的新款服装，瞬间就被挤出了时尚圈；昨天没写完的热点文案，今天就被其他热点覆盖了；刚刚决定从公司搬出，在外面租了房子，就被调到外地负责一个长期的案子……计划永远赶不上变化，想要不落后时代，女人就得懂得"善变"。

刘女士是一家公司的新媒体文案，每天的工作内容就是抓热点、写文案，时时刻刻都得关注各种热点，力图在第一时间将自己的产品融入热点，利用热点赚取更多流量，吸引更多人的眼球，更好地推广产品。

能轰动各行各业的热点事件总是可遇不可求，虽然每天都会有很多热点，但是这些热点来自各行各业，能吸引的人群只是极少一部分。有时候，刘女士改了又改的文案，常常还没来得及发出去，热度就过去了，只好重新再写，同事们总是调侃她不靠谱，总是喜欢"善变"，她也只能付之一笑，摆摆双手。

互联网的快速发展催生了一些新的职业，有些职业具有很高的时效性，比如刘女士的新媒体文案。在这份工作中，刘女士必须懂得"善变"，才能抓住热点，获取更大的流量，才能更好地宣传产品，获得更多的利润。因此，在特定的工作岗位上，女人要懂得"善变"，懂得抓住机遇，才能获取更大的利益。

现在的很多工作岗位，早已不再是千篇一律的重复性工作了，而是随机应变，每天都充满变数，随时都得准备淘汰方案、调整工作计划、战略措施。当下，越来越多的女人投身职场，要想不被职场淘汰，就得学会应对职场变数的本领，懂得"善变"。只有懂得"善变"，懂得随机应变的女人，才能在职场上站稳脚跟，而后大展身手，充分发挥自己的聪明才智。

张女士是一个很追求时尚的人，她自信能驾驭各种时髦的穿搭。她的穿搭风格总是跟得上时代，即便是时代发展太快，新出的时尚简直可以分分钟变老土，但也不妨碍张女士跟上时代，跟上潮流。张女士的穿搭风格非常"善变"，一会儿喜欢清闲风、一会儿喜欢职业风、一会儿喜欢田园风、一会儿喜欢混搭风……无论什么风格，她都能驾驭得很好，每天穿着自己喜欢的风格的衣服出门上班，自信乐观，得体优雅，丈夫很爱她，同事们很喜欢她，都称她是人生的赢家。

女人要懂得"善变"，不断地去尝试新的衣服、新的美食、新的化妆品等，不断地突破自我风格，不断地"喜新厌旧"，这样才会越来越美丽、越来越自信、越来越洒脱、越来越惹人爱。每个人女人都有追求美的权利，每个女人都可以穿自己喜欢的衣服，做自己喜欢的事，见自己喜欢的人，活成自己喜欢的样子。

有的女人会说，你所说的"善变"谁不想啊，谁不想让自己打扮得漂漂亮亮的，成为人群中一颗闪亮的星？可是这是要花钱、花成本的，我还有老人孩子要养，房贷车贷要还，哪有闲钱去买衣服，哪有时间去收拾打扮啊？她们说得很对，"善变"是要花成本的，但是不要忘了，"善变"却可以收获很多，"善变"会让你收获自信，收获朋友，守护好爱情，收获更多的人脉，收获和谐的人际关系和家庭环境。另外，"善变"不是没节制的，就像我们从喜欢一个人到讨厌这个人，一定是有一个过程的。在长长的人生路上，女人要懂得"善变"，懂得找回自己，方能守护好自己的初心。

人的一生说长不长，说短不短，但若是每天按部就班，像机械一样工作、生活，便会失去工作、生活的意义。有的女人就是这样活着的，她们不敢换工作，不敢表达自己的意见，不敢接受新事物，不能应对工作、生活、婚姻中突如其来的变故，抗压能力较弱。而在当今的时代背景下，她们是最容易被挤出市场，被社会淘汰的。

"善变"是一种与时俱进，一种推陈出新，是一种进步、一种实力、一种自信。懂得"善变"的女人，在工作、生活、学习中都能够表现得很前卫，她们不排斥新事物，敢于挑战自己，接受新的知识、新的科技、新的工作难题、新的时尚、交新的朋友、换新的环境，她们活在当下，不畏将来。

一个懂得"善变"的女人，有能力、懂规矩、知方圆。她们为人处世有自己的原则、立场；穿衣打扮有自己的风格，不从众、不媚俗。处理事情有自己的方法、手段，不慌张、不害怕；与人交往有自己的初心，本分、不矫情、不自卑。她们善良从容、不卑不亢、自信大方，尊重他人，她们"善变"，但她们靠得住。

适时低头，才能遇见更好的自己

农村有一句俗语说"低头的是稻穗，昂头的是秕子"，是说稻谷熟了，就低下了头，只有秕子才会将头高高昂起。聪明的女人也像稻穗一样，懂得适时低头，懂得谦卑，因为她们知道低头不仅仅是一个动作，还是一种智慧。

一些女人认为低头是一种懦弱、一种自卑、一种没出息、一种认输的行为，在任何情况下，她们都不愿意低头，不愿意服输。事实上，低头并不是一种认输的行为，而是一种智慧，一种谦逊。懂得低头的女人，更懂得为人处世之道，更懂得保护自己，她们的人际关系更和谐，家庭生活更美满。

李女士鼓足勇气参加了公司内部岗位竞聘，她的竞争对手是同部门的高女士。高女士能言善辩，口才了得，而李女士总是沉默寡言、惜字如金，学历还比高女士低，大概是没什么希望了。不过李女士心想：重在参与嘛，结果不重要，过程才是最重要的，我只管去准备得了。然而，最终的结果却令李女士感到吃惊，自己竟聘成功了。

她觉得很不解，便私下里问自己直属领导原因，领导告诉她："因为我需要的是'灰姑娘'，而不是'白天鹅'。高女士的确很优秀，但是她不懂得低头，她的脖子总是高高扬起，竞聘演讲时她确实讲得很好，但她的眼睛始终向上，盯着天看，是只'白天鹅'；而你讲得很少，但是懂得埋头苦干，是个踏实肯干的'灰姑娘'。"

案例中的高女士其实很优秀，但最终竞聘失败了，原因就在于她不懂得低头，甚至演讲时也是一副高高在上的样子，这便会给领导一种趾高气扬、目中无人的感觉，即便她再优秀，领导也会认为她不能踏踏实实地工作；相反李女士就比较实在，惜字如金，沉默寡言，埋头苦干，这给领导一种勤劳、踏实的感觉，让人信任，因此即便她不像高女士那样能说会道，也能够得到领导的赏识，在竞聘中获得成功。

枪打出头鸟，有智慧的女人懂得低头，掩盖自己的锋芒，不妨碍别人的面子。在工作中，她们能力出色，但是平易近人，不高傲，不目中无人；在婚姻中，她们懂得尊重丈夫，给丈夫鼓励，不打击丈夫，不瞧不起丈夫；在生活中，她们礼貌待人，温和尔雅，严于律己，宽以待人。她们像水一样至柔，也像水一样至刚。

一只喜鹊可以筑一个美丽、坚实、温暖的鸟巢，每年冬天，它都会为自己筑这样一个巢过冬；麻雀却不是这样，通常情况下，麻雀只会为自己找一个洞来过冬。喜鹊很不屑麻雀的这种做法，很瞧不起麻雀。去年冬天，喜鹊依然为自己筑了一个坚实、美丽、温暖的巢，麻雀则是在农夫的草垛里过冬。

一天，喜鹊外出寻找食物，再回来时发现自己的巢被吹坏了。这时，麻雀邀请喜鹊去自己的巢里过冬。喜鹊来到麻雀住的地方，一脸不屑地问："你就住这儿？""嗯，你放心，这里很温暖，风吹不着，也不会吹坏，今年冬天冷，你先在这里住着，也不用着急修巢，等天气暖和了，你再去修。"麻雀说。"我那么会筑巢，怎么可能住这么简陋的地方，你这个地方难看死了，还不如我的破巢。"喜鹊说完，直接回到了自己被风吹坏的巢里，它觉得自己的巢比麻雀的草垛好多了。等到天气暖和，积雪慢慢融化时，麻雀在树下发现了已经被冻死的喜鹊。

喜鹊若是懂得低头，懂得适时放下身段，也不至于被冻死。的确，喜鹊很能干，能筑起很坚实、漂亮、温暖的巢，但是它因为自己能筑巢而看不起不会筑巢的麻雀，在巢被狂风吹坏后也不领麻雀的好意，心高气傲，宁愿待在自己破旧的巢里，最后被冻死。

死要面子活受罪，放在喜鹊身上再合适不过了。一些女人也一样，总是认为自己很有能力，她们眼高手低，一般的工作看不上，好的工作能力又达不到；看不起别人以及别人的工作，觉得别人都没有自己聪明，即便是在落魄时也不愿意低头，不愿意去做自己觉得丢脸的事情。总而言之，她们狂傲自大、目中无人、不可一世，让人敬而远之。

聪明的女人懂得低头，知道能屈能伸的道理。她们知道，跑步时将膝盖弯曲，才能跑得更远；打拳时将拳头收回，打出的拳才更有力；她们懂得，成熟的稻谷、向日葵低头不是认输，亦不是耻辱；她们明白，只有低头才能认清自己，才能看清脚下的路，才能走得更坚定。

虚心竹有低头叶，傲骨梅无仰面花。我们要向竹和梅学习，懂得低头。低头虽然只是一个简单的动作，却饱含着人生的智慧。低头是一个人谦逊的显现，体现了一个人的智慧，表现了一个人的胸怀；低头是养精蓄锐，是保存实力，是厚积薄发；低头是一种张力，一种成熟，一种稳重，一种修养。懂得低头的女人，手里都握着成功和幸福的钥匙，更懂得生命的意义。

女人偶尔装糊涂，幸福才会长久

女人处世，最难得的是糊涂，尤其在婚姻里。糊涂即是装傻，凡是一个高情商的女人，都懂得如何装傻，无论是在工作、生活、婚姻中，她们都懂得装傻，懂得示弱，懂得向他人求助。一个懂得装傻的女人，在婚姻中会给丈夫留空间，在事业上会给同事留面子，在生活中会给自己做减法，她们懂得抓住幸福的钥匙。

糊涂、装傻不是不在乎，不是不敢说，不是不爱，而是不斤斤计较，是在乎、是爱、是关心、是智慧。高情商的女人懂得适时装糊涂，懂得看破不说破，懂得睁一只眼闭一只眼。她们深知生活、婚姻也好，工作、交际也罢，都不是照镜子，不需要事无巨细，不需要看得那么清楚，只要是不违背原则，装装傻就过去了。

一眨眼，赵女士的孩子都上小学了，她与丈夫结婚8年了，在邻居眼里，她与丈夫看起来依然像新婚夫妇一样，很少吵架，每天出双入对，晚饭后常常手牵手在小区里散步，生活得很幸福，很甜蜜。当朋友问她是怎么度过"七年之痒"的，怎么给爱情保鲜时，她只是简单地回了几个字：装糊涂，睁一只眼闭一只眼。

其实，赵女士并不傻，她有很强的工作能力，管理着公司里的上百名员工。但是在婚姻中，她懂得适时装傻示弱。比如，下班晚了，她会给丈夫打电话说自己害怕，不敢一个人打车，所以无论她加班多晚，丈夫都会去接她；丈夫带她出去应酬时，会向别人吹嘘，夸大其词，赵女士则只顾装傻，安心吃菜，不揭穿丈夫；在旧衣服里发现丈夫藏的私房钱时，假装没看见；丈夫找自己商量某件事时，即便自己有想法，也会装傻，先听听丈夫的想法……就是这一个个的"装傻"，让赵女士的丈夫更加爱她，更加离不开她。

都说相爱容易相处难，一些女人结婚后总是没有安全感，把丈夫盯得紧紧的，管得死死的，查聊天记录、微信记录，最终导致婚姻出现裂痕。其实，案例中赵女士装傻的做法是维持婚姻关系最聪明的做法，只要对方不犯原则性错误，睁一只眼闭一只眼也不是不可，这样会给对方留下更多的空间，让对方感到自己受尊重，会让双方相处得更融洽，爱情也才会长久。

金无足赤，人无完人。每个人都不是完美的，每个人都会犯错误，都有自己的小私心，我们的丈夫也不例外，他们有自己的缺点、弱点，但不要忘了，他们有自尊、有面子，需要一定的私人空间，需要得到尊重。高情商的女人一定会懂得装傻，懂得揣着明白装糊涂，懂得尊重丈夫的隐私，在外人面前维护丈夫，不揭穿、不打击，会主动给丈夫台阶下，主动示弱，牢牢抓住丈夫的心，紧紧攥住幸福的钥匙。

小王性格孤僻，话不多，认认真真做事、踏踏实实做人是她为人处世的原则。同事们看她好欺负，总是把自己无足轻重的工作交给她，小王一一答应。时间久了，同事们就觉得她有点儿"傻"，也就不管工作重不重要，都一律交给她，但凡小王在工作中遇到不懂的，不明白的，她都会向同事们求助，同事们对她毫无戒心，把自己知道的全都告诉了小王。

事实上，惜字如金的小王是一匹"黑马"，只是不愿意显露自己的锋芒罢了。对同事们交给自己的任务，小王都能很出色地完成，并能根据同事们的讲述，知道每个人的做事风格，按照每个人的风格完成任务，让上司无法看出来是别人做的。后来，她的才华被领导赏识，很快就成为整个部门的经理，这个时候同事们都慌了，都认为她上位之后做的第一件事就是报仇。可是小王上岗的第一件事是对大家表示感谢，谢谢大家对自己的培养，对自己的帮助，一字没提让她代做工作的事，也没对同事们进行打击报复，深受同事的钦佩。

案例中的小王在装"傻"，她内敛，隐藏自己的锋芒，帮助同事们完成任务，不斤斤计较得失，正如她的做人原则一样，认认真真做事，踏踏实实做人。相反，一些女人在工作中很"聪明"，生怕别人不知道自己有多优秀，而且她们总是斤斤计较、满腹牢骚，总是感到怀才不遇。几年后，自己的工作能力没有长进不说，反而后退了，典型的聪明反被聪明误。

太聪明的女人，总是什么都要求水落石出，生怕别人不知道自己才华横溢；总有一双"火眼金睛"，什么事都逃不过她的眼睛；因为太聪明，她们一眼就能识别出丈夫的甜言蜜语不过是句空话，是个谎言；因为太聪明，同事们的任何行为都被她看在眼里，说在口里。结果导致丈夫不敢说甜言蜜语，同事不敢轻易在她面前多说一句闲话，她们会发现丈夫、同事都对自己退避三舍，敬而远之。

有时候，不是说智商测试分高、学历高、身居要位，这个女人就很有智慧。其实，这样的女人顶多称得上聪明。聪明的女人不一定是有智慧的女人，而有智慧的女人一定聪明。因为除了聪明之外，有智慧的女人还懂得适时地装糊涂，给对方留情面，找台阶下，会理解对方,不会去压制对方。一个有智慧的女人,做得了聪明,装得了糊涂,处得了世故,守得了爱情。

以退为进,巧解难题

没有哪个人喜欢绕弯子,直来直往地解决问题多好?但是有些时候,事情并不会按照我们的想法发展,比如遇到性格倔强的对手时,直来直去就很难解决问题,这时我们若是采取迂回策略,以柔克刚,以退为进,或许能更好地帮助我们解决问题。

小时候玩儿弹弓时,我们都知道要将弹弓往后拉,石头才会飞得更远,更有力量。这告诉我们,有时候后退并不是懦弱、不是无能、不是退缩、不是害怕,而是为了更好地前进,是一种策略,一种手段。在工作、生活、学习中,我们会遇到各种各样的人,会跟形形色色的人打交道,当我们处于劣势,无法说服对方时,不妨试着使用以退为进的方法,先让对方看到自己的弱势,从而让对方放松警惕,让事情更好地前进。

张女士代表公司参加广东某公司的收购谈判,谈判安排在上午,地点是对方公司。王女士及其团队成员刚到对方公司的会议室坐下,对方就开始牢牢掌握主动权,放映PPT。王女士静静地听对方的工作人员讲完,也不发表意见,大概过了两个小时,对方终于讲完了,关闭了幻灯片,开始询问王女士的想法。

王女士摊摊手,面带微笑地说:"不好意思,我们没听明白。""哪里不明白呢,我可以再解释。""全部。"对方觉得刚才讲了半天都白讲了，觉得自己没有受到相应的尊重，但又不敢爆发，便问："那怎么办？""只能麻烦您再从头讲一遍。"对方代表慌了，在午饭前肯定不能再讲完一遍，若是错过这次谈判，下一次就不知道是什么时候了，当下公司运营出现了问题，才不得不接受收购，万一下次谈判拖得太久，公司运营出现了新的情况，肯定会对自己不利。思来想去，对方公司最后只能妥协，答应王女士带来的收购协议。

以退为进的战术在谈判中很常见。在谈判中，当我们不知道对方的意图和底线时，可以采取以退为进的战术，降低对方的警惕，摸清对方的意图。除了在谈判中，在生活、婚姻中也可以采取这种战术，当我们与某个人打交道，一直处于停滞状态，一直没有新的进展时，可以尝试以退为进，从另一个方面推进事情。

韩女士现在与丈夫、儿子生活得很幸福，每当她回忆起自己追求丈夫的经历时，总会幸福地长舒一口气。在韩女士这个年龄，她是少有的女追男，丈夫与她同住一个小区，小学、中学都是同校同班，高中同校不同班，每天两人一起上学、放学。

高考之后，韩女士如愿考上了自己心仪的大学，高考通知书下来那天，丈夫主动约她出去玩儿，问她考得如何，得知她考上了心仪的大学之后，说："真好，我喜欢你！"韩女士听到这句话，震惊地呆在原地："你……你说你喜欢我？你再说一遍。"她结结巴巴地问。"我喜欢你，而且我跟你一所大学。你想拒绝也不行，每天都说'我喜欢你'。"就这样，两人一路走到了今天。

当我们在追求自己的爱情，而不知道对方的心意时，不妨退一步，给对方一定的空间，或许会让对方看到自己内心真实的想法。

就像案例中的韩女士那样。喜欢一个人是一件很幸福的事，但喜欢一个人并不是要霸占这个人，要随时随地将他绑在身边，有时候我们的穷追猛打会让对方喘不过气。所以我们要学会适当地"退"，退到对方没有压力的距离，给对方思考的空间，这是一种尊重，也是一种智慧。

有句话说，要做一个像风一样的女子，自由、洒脱、干脆、利落。但有时候，我们做不到干脆、利落、洒脱，尤其在感情上，喜欢一个人是没有办法隐藏的，但是当彼此之间的那层纸没法捅破时，我们不妨先放一放，向后退一退。或许会收到我们期望的结局。在生活、工作、学习中，我们也会遇到这种事情，无论我们怎么努力，事情就是没有进展，就是没法继续，那我们不妨让自己退一步，看清当前的局势，再重新继续前行。

当局者迷，当我们置身于某件看不到出路的事件中时，常常会迷失自我，产生消极的思想，做出错误的行动，甚至会损失自己的利益，伤害个人情感。这种时候，不如先将这件事情放一放，后退几步，从旁观者的角度分析看待这件事情，才有可能做出客观、符合实际的策略。忍一时山高水长，退一步海阔天空，有时候后退，是为了更好地前进。

藏巧露拙，做个有智慧的聪明女人

鹰立如睡、虎行似病，这是强者的智慧，智慧的女人都懂；木秀于林，风必摧之、枪打出头鸟，这是智者的处世原则，聪明的女人都懂。一个有智慧的聪明女人，不浅薄，不爱出风头，懂得藏巧露拙，给人一种简单、和谐、美好的感觉。

人生，是一个见人遇事的过程，与人打交道是必然的。与人交往，最忌出风头，争强好胜，咄咄逼人，得意忘形，这样的人很不招人待见，容易让人生厌，很难交到真心朋友。有智慧的聪明女人深谙这个道理，她们聪明睿智，为人谦卑，与人为善，懂得藏巧露拙，深受家人、同事、朋友的喜爱，拥有和谐的人际关系和家庭氛围。

初入职场的徐女士很能干，很快就受到了重用，公司的大小会议都要她参加，而且老板总是问她的想法，这让职别高的、比她先来的老员工有些嫉妒，开始对她冷言冷语。她反而嘲笑他们：自己能力不行怪我喽！然后继续展现自己的才华，在会议上抢先发言，重要的项目第一个上去争抢，同事们越来越疏远她。

不知道什么时候，公司开始传播她的各种谣言：结婚都几年了，还没孩子，是不是有病啊？为了升职孩子都不要了，真行啊……她不明白为什么自己工作出色，会扯上自己的私事；也不知道为什么自己能力强，大家要这么排斥自己。最终，她受不了同事异样的眼神、莫须有的谣言以及没人愿意与她共事的压力，主动辞职离开了。

初入职场，每个人都希望大展拳脚，希望受到领导重视，希望得到同事羡慕的目光，这是无可厚非的，但是像徐女士这样就不对了，虽然她工作能力很强，深受老板的器重，但是她心高气傲，目中无人，不懂得谦虚，不尊重老员工，认为别人对她有意见是嫉妒她的才华，最终被同事集体排斥也是在情理之中的。

一些女人到新环境中，总是想方设法惹人注目，或是比穿着，或是晒学历，或是夸丈夫，或是炫能力，在会议上抢先发言，长篇大论，口若悬河；在工作中爱出风头，大包大揽，任何小事都要全权包揽；在生活中尖酸刻薄，小肚鸡肠，生怕别人比自己聪明……她们外表光鲜靓丽，内心却总处于黑暗当中；她们看起来很有能力，实际只是个花架子。在遭到排斥时，她们不反思自己，将错误全推给别人，她们很少有交心的朋友，人际关系紧张。

有智慧的聪明女人却不这样，她们理智、趁着、冷静，尊重老同事，爱护新同事，不摆架子，不显风头，发表言论时注重别人的感受；她们聪明、睿智、有才华，在工作、生活中有自己的想法，却从来不会将自己的想法强加给别人，尊重别人的时间以及劳动成果；她们稳重，认真，靠谱，平时话不多，总是脚踏实地地认真干事，兢兢业业，勤勤恳恳。她们身边有不少知心朋友，她们的人际关系非常和谐。

古时有一个大户人家，有两个妻子，一个长得很美丽，一个相貌极丑，起初主人并不爱那个美丽的妻子，因为美丽的妻子总是到处卖弄她的美丽，不把别人放在眼里，凡是都要斤斤计较，总是莫名其妙地冲下人发火，甚至还动手打贴身丫头，一点儿都不懂得尊重他人。而相貌丑陋的妻子贤良稳重，为人谦虚和善，善解人意，深得主人的宠爱。

大约过了两年的光景，主人便不再宠爱长得丑的妻子了，甚至产生了休了她的想法。原来，相貌丑陋的妻子仗着主人的宠爱，开始嚣张跋扈、目中无人，这时主人不仅觉得她容貌奇丑，而且认为她的内心也很丑，对她心生厌恶。而美丽的妻子在不受宠爱的期间，意识到了自己的错误，收起了自己的锋芒，不再到处炫耀自己的美丽，而是修身养性，与人为善，人美心善的她很快就得到了主人的宠爱。

案例中的"丑妻子"，起初虽然相貌丑陋，但是为人谦卑，贤良稳重，深受主人喜爱，但是后来，她仗着主人对自己的宠爱，跋扈嚣张，目中无人，令主人心生厌恶。长得美丽的妻子却相反，一开始到处炫耀自己的美貌，看不起他人，主人因此不爱她；后来她意识到自己的错误，开始修身养性，与人为善，得到了主人的青睐。从这个案例中我们可以得到这样的启示：一个谦逊、善良、稳重、不炫耀、不出风头的女人，哪怕长得不漂亮，也会有人爱她；而一个尖酸刻薄、目中无人、好出风头的女人，即便长得再漂亮，也很难得到他人的爱。

美是智慧、是聪明、是舒适的化身，衡量一个女人美不美，更多的是看她的心灵，外表只占了一小部分。一个女人外表可以不美，但是心灵和智慧一定要美丽，因为这样精神才会很丰富，才不会自卑，才不会因为一点点成绩而沾沾自喜，才不会因为一点儿利益就出卖别人，才不会去剥夺别人成长的机会。

有智慧的聪明女人为人低调，不显山不露水，懂得沉默是金，藏巧露拙。她们脚踏实地，埋头苦干，懂得一分耕耘一分收获；她们宽容大度，谦逊和善，懂得适时糊涂，明哲保身；她们单纯善良，冷静理智，懂得淡泊明志，宁静致远。她们不争不抢，不慌不忙，不张扬、不刻薄、不轻浮，懂得在纷繁芜杂、功利浮躁的世界，在正确的道路上做合适的事，始终跟随自己的内心，慢慢品味生活的美好。

拒绝的话包装着说

每天起床出门时，我们都会洗脸、刷牙、梳洗打扮一番，这样做不仅仅是为了体面，为了自己的心情，还是为了照顾别人的感受，给别人带去舒适感，不扰乱别人愉快的心情。拒绝他人的话语也一样，也需要进行一番包装，然后巧妙委婉地说出来，才能保全别人的面子，不伤害彼此的感情。

人是群居动物，难免会有求人帮忙或被求助的时候。我们在求人帮忙时，内心总是很忐忑，生怕被拒绝，常常是放下面子张口求人；推己及人，当别人向我们求助时，也会有我们一样的感受，也会害怕被我们拒绝。但是若我们能力有限，无法为别人提供帮助时，我们就不得不忍心拒绝，这个时候的拒绝要如何说才不至于伤害别人的自尊心，却是一门极难的大学问。

王女士在外打拼多年，终于凭借自己的努力在家乡县城里成立了自己家居设计公司。今年回老家过年时，几个亲戚纷纷来家里拜年，希望她能让自己的孩子进公司上班，王女士哭笑不得，这些孩子有的初中没毕业就出远门打工了，有的学历稍微高点，也不过只是读到高中，而且都没有一点儿家居设计基础，只能干苦力活，但是自己不需要那么多干苦力活儿的人，况且亲戚找你，肯定不是为了让自己的孩子去干苦力活儿的。王女士十分犯难，如果她直接拒绝，肯定会伤了亲戚之间的和气；但如果不拒绝，又没有合适的工作让他们做。

王女士左思右想了半天，笑着和各个亲戚说："家人之间不用这么客气，但是真的很遗憾，我真的无能为力，你们也知道我的情况，为了开这个公司，我花光了所有积蓄，目前公司才刚刚步入正轨，还没开始盈利呢，我连吃饭都成问题，工资更是一分发不出来，不信你们哪天有空了，可以去我公司问问员工，他们可是过年都没收到工资呢！我知道你们是为了孩子着想，想让他们做一份轻松、体面的工作，不再那么累，可怜天下父母心，每个父母都是如此，我也是父母，我特别能理解你们，但是我也希望你们理解我，我不想我们之间因为发不出工资闹别扭。孩子的事我也记在心上，等有合适的岗位了，我就让他来公司，好不好？"

王女士遇到的难题，在生活中其实很常见，当亲戚、朋友、同事、领导、邻居向你求助时，你应该怎么拒绝，真的是一件令人头疼的事。案例中的王女士采取了陈述实情的方式委婉拒绝，表明不是自己不想帮忙，是自己真的无法帮忙，这远比告诉对方"不行，你家孩子学历达不到公司的要求"来得更委婉，不至于伤害彼此的感情。这是一种比较常见的拒绝方式。

除了说明难处，陈述实情之外，还有找借口、商量的语气、替代法、岔开话题、热情友好、幽默有趣等教科书式的拒绝方法，这些方法都是相通的，我们可以针对不同的情况，灵活采取不同的拒绝方式，但最好不要直接用硬性语言拒绝他人，这样往往会给他人带来挫败感、羞耻感，会伤害彼此之间的感情。

当不喜欢的同事邀请我们去逛街或看电影时，我们可以采取找借口的方式拒绝。这会让对方认为，你不是不想跟他们逛街或看电影，而是因为其他事情无法参与，既避免了你的不舒适感，也尊重了对方。当然，我们找的借口一定要合乎情理，不要找一个不现实、听起来就是编的借口，这样会让对方觉得你在侮辱她，故意给她难堪，这显然不是我们想要看到的结果。

在工作中，难免会有同事想将自己的工作交给你，如果我们说："可笑，我怎么会做你的工作！"这样会让同事觉得很没面子，会让对方觉得你在讽刺他，很不利于同事之间的相处。我们可以换一种委婉的说法："我真的好想帮您呢，跟您工作真的能让我学到很多，但是我最近手里的项目真的很急，抽不出时间。以您目前的工作能力来看，这项工作简直就是小菜一碟，要不先自己干着，如果我手头的项目做完了，我再帮您？"这样的拒绝方式既肯定了对方的工作能力，又阐明了自己不能帮对方的理由，对方自然不会记恨你不帮忙。

在生活中，少不了会有亲戚、朋友来找自己帮忙的时候，比如对方想让自己的孩子进你所在的公司或单位，想让你从中帮帮忙，如果这个时候你告诉对方："不好意思，这忙我帮不了。"对方会以为是因为没给你好处或者是你不想帮忙而心存芥蒂，会直接影响彼此之间的正常交往。这种时候，我们可以采取委婉的方式拒绝对方，比如我们可以说："这件事情我可以帮你，但是我得提前告诉你，我不能保证结果如何。因为我们公司（或单位）是集体领导，什么事都得大家投票解决，我一个人说了不算，到时候结果不理想的话可怨不得我啊。"

饭得一口一口慢慢吃，否则容易噎着呛着；拒绝的话得一句一句慢慢说，不然容易莽撞得罪人。聪明的女人不会直接果断地拒绝别人的请求，因为她知道开口求人很难。聪明的女人会尊重别人，会委婉地拒绝别人。将拒绝的话做个包装，慢慢地说、委婉地说，给别人留情面，保护别人的自尊心，做一个聪明的女人。

远离是非，踏实做事，清白做人

人活一世，难免会有一些是是非非，女人始终要记住，人心难测，有些是非是难免的，但有些是非是可以躲开的。无论是在工作还是在感情上，女人都不要参与别人的是非，要远离别人的战场，以免被人当枪使，伤害他人的同时也害了自己。

女人在与家人、朋友、同事、邻居相处时，要懂一些方圆之术，要有自己为人处世的原则，不贪小便宜，以免被别人利用。职场如战场，这句话不是凭空产生的，同事之间存在很多利益关系，如薪酬、成绩、升迁等，这些利益关系不单单是个人实力的较量，还掺杂了个人情感，这才有职场如战场之说；生活像东北乱炖，什么你都得放进去，朋友、爱情、婚姻、利益、金钱、家庭、地位等都得往里加一点儿，人非圣贤，难免会有私心贪欲，才会染上一些是非。无论是职场也好，工作也罢，女人都要提高自己辨别是非和抵制诱惑的能力，以免卷入是非。

张女士是公司的一名普通职员，做的是行政工作。一次，她收到总部下发的组织系统培训的通知，按照相关要求转发到人力资源部相关负责人的邮箱里。没过几天，总部给总经理打电话，问怎么还没有报上相关培训人员的名单，总经理就问行政主管是怎么回事，主管找张女士了解事情的原委，说："这件事出在人力资源部负责人的身上，你现在去会议室问问负责人是怎么回事？"张女士往会议室里看了看，发现除了这次事件的负责人之外，人力资源总监和其他几个公司主要负责人也在，她有点儿难为情，但是主管很坚定："事情很急，现在进去，当面问。"张女士出于无奈，只好轻脚轻手地走进会议室，走到相关负责人身边，轻声将他叫出会议室，让他赶紧上报培训名单。

张女士以为这件事情就此打住了，没想到此事才过去没一个小时，行政主管就过来找张女士，并小声问她："你去找事件负责人时，人力资源总监听到没？"张女士这时才反应过来，这件事绝非自己想象的那么简单。"没有，对方叫我出来说。"张女士没有说是自己将对方叫出会议室的。"下次遇到这种情况，你就当着人力资源总监的面说，就当自己什么都不知道，反正这属于你应该知道的范畴。"张女士这才明白，主管是想借自己的嘴去告那个负责人的状。后来，她从同事那里得知，主管和那位相关负责人一直都有过节。

好在张女士并没有当着人力资源总监的面询问相关负责人，而是将对方叫出会议室，这才没有卷入这场同事之间的纠纷。职场上的事情并不像表面上看起来的那么简单，其实里面有很多弯弯绕绕呢！你不知道什么时候会被人当枪使，什么时候会被掺和到是非中。

在职场中，有同事、有领导，有成绩、有竞争，表面上看似风平浪静，实则每个人心里都在各打小算盘；看似是一场实力的较量，实则很多时候都掺杂了个人的好恶以及各种杂七杂八的关系。我们在职场中，除了要踏踏实实做事之外，还要克制自己的欲望。不要背后与同事谈论领导的是非，不要任意传播你听到的不实的谣言，不要参与评价人事问题，不要为了升职加薪去攀附上司……职场是非之人我们可能没法躲避，但是职场中的是非是可以凭我们的聪明圆滑避开的。

王女士暗恋同事阮先生很久了，但是阮先生有女朋友，而且两人的关系很好。王女士的上司张先生看出了她的心思，便主动给她和阮先生制造合作的项目，增加他们相处的时间，王女士以为是上司是可怜自己，在帮自己，还对他心怀感激。不久，阮先生不知道什么缘故，突然就辞职不干了。

阮先生辞职后，王女士发现同事们都在用异样的眼光看她，还在背后对她指指点点，这让她很难过。一天，她在洗手间时，听见有同事在洗手间议论她："那个谁真以为自己是'傻白甜'啊，都被人当枪使了，还对别人点头哈腰的，真是可怜啊。她都不知道老阮有多喜欢自己的女朋友，就敢上去勾引人家，还有老张也是，非得追着人家老阮的女朋友跑，也不照照镜子看看自己配不配。""像老阮这样的好男人真是不多了，女朋友说啥就是啥，生怕女朋友吃醋误会，分分钟辞职走人，真帅啊！"……听着这些议论，王女士才知道了上司的意图，也知道了同事们为何躲着自己，甚至在背后议论自己了。回到办公室后，王女士立刻写了离职申请，不久就离职了。

王女士因为暗恋阮先生，被自己的上司张先生当枪使，企图用她来拆散阮先生和他女友。张先生没有想到的是，阮先生竟然会为了自己的女友主动辞职，不与他争。王女士暗恋阮先生并没有错，她最大的错就是不能识别事件的本质，被表面虚假现象所迷惑，这才被别有用心的张先生利用，好在自己没有拆散阮先生与其女友，否则肯定不会原谅自己。

　　不仅仅在职场上有感情纠纷，会被人当枪使。在生活中，朋友之间也会出现这种情况，女人不要让自己陷入他人的感情纠纷中，要学会收起自己的情感，不要被自己的私心杂念控制，如果喜欢一个人，就大大方方地表白；但是别人有女友或家室时，就去默默地祝福他们。让自己远离是非，踏踏实实做事，清清白白做人。

　　女人要学会让自己做一个政治家，是非恩怨分明，不乱蹚浑水。在职场中不站队，不说人是非，不替人背黑锅；在情感上，尊重伦理道德，不强求、不拆散、不因嫉妒做出格的事；遇事冷静应对，坚决不做利益的奴隶，不做传谣的小人，远离是非。

广结人脉让女人无往不利

无论婚前还是婚后，女人都应该有自己的人脉圈子。人的一生会遇到不少大大小小的坎儿，有生活中的、职场上的、感情上的等。有时候，这些坎儿我们无法独自跨过，这个时候，人脉的重要性就体现出来了。借助人脉，四两也能拨千斤；借助人脉，职场会越走越顺；借助人脉，我们会遇见更好的自己。人脉需要精心呵护，呵护好人脉，才能打造出靓丽的人生。

女人，丈夫不是你的全部

　　一个女人，无论是婚前婚后，理应有自己的交际圈。女人要明白，婚前交际并不是为了找一个好老公，婚后交际也不是浪费时间的行为。女人交际是一种自信，亦是一种尊严，聪明的女人不会因为婚姻而放弃社交。

　　我们常常会听见一些女人抱怨：婚后除了丈夫就是孩子，都找不到一个可以发牢骚的知心人了。一些女人结婚后，把丈夫当成了自己的全部，整天围着丈夫转，为了减轻丈夫的经济负担，护肤品舍不得买，品牌服装不敢买，为生活精打细算，可是最终，丈夫不仅不会更爱自己，反而可能因自己没有吸引力而出轨他人。这个时候，女人会发现自己原有的小圈子早已不在，身边连个可以诉苦的人都没有。

　　张女士与丈夫结婚不到两年，丈夫就出轨了，这让她很痛苦，但是她发现，自己身边竟没有一个可以说得上话的人了。张女士与丈夫早先非常相爱，两人大学时就在一起了，谈了四年恋爱，一毕业就结婚了。婚后，张女士将自己所有的心思、精力都放在丈夫身上，既没有出去工作，也没有去社交，就连大学时期的几个好朋友都没有联系。

　　丈夫让她不上班，她就不上班；丈夫不喜欢她买贵的衣服，她就不买；丈夫说她素颜的样子好看，她就不化妆；丈夫说外面的饭菜不干净，她就天天下厨；丈夫说足球好看，她就看，即便自己不喜欢……丈夫说什么，她都照做，把丈夫的话当成自己行为准则，婚后不到一年，她就学会了看丈夫的脸色行事，学会了迎合丈夫的兴趣爱好。

张女士万万想不到的是，她与丈夫结婚才不到两年，丈夫就出轨了。她不明白，自己为了他放弃了一切，对他言听计从，他怎么就这样对自己呢？她想找个人倾诉，找个人哭，才发现自己早就一无所有了，什么人脉、什么美貌、什么尊严、什么爱好、什么事业、什么前途、什么未来……全都没有了。

一些女人在结婚后，跟张女士一样，把丈夫当成自己的全部，喜欢丈夫喜欢的，讨厌丈夫讨厌的，丈夫说什么就是什么，没有自己的思想，从精神到思想再到行为，完完整整地变成了丈夫的附属品，以丈夫为中心，没有社交，没有自己的人脉圈，一旦丈夫出轨，整个人的世界就会瞬间崩塌，精神、心理、身体都会受到很大的创伤，而由于自己没有社交，找不到可以倾诉的人，什么委屈都憋在心里，很容易产生极端想法。很显然，这是最要不得的。

无论什么时候，女人都应该是独立的，都应该为自己而活，有自己的事业、有自己的朋友、有自己的圈子、有自己的梦想、有自己的生活。爱一个人不容易，我们关心对方，为对方做出一些牺牲是无可厚非的，但是女人不要忘了，爱情是两个人的事，如果仅仅是你牺牲、你屈服，爱情就变味了，就不能称之为爱情了。因此，无论你多爱你的丈夫，你都要有自己的朋友圈、有自己的社交，最好也要有一份事业，保持自己经济独立，这样你才不会在爱情中有自卑感。

顾女士在公司干了 10 几年了，始终都在一个岗位上。她的工作能力很强，自己本身也很努力，也早出晚归，经常加班，按同事的说法："以她的能力，早就可以胜任经理了。"大家都不理解她为什么没有升职，为什么十几年还愿意在同一个岗位上。她的好朋友染女士却知道她不能升职的原因，并不是因为她的能力不行，而是因为她不懂得人脉的重要性。

她从来不参加任何派对，她告诉好友自己不喜欢聚会，像那些慈善公益活动啊、各种行业内部的聚会啊，都是一堆陌生的人，想想都觉得尴尬，都不知道要跟对方说些什么。除了本部门几个熟悉的同事之外，她几乎都不会与其他部门的员工主动打交道，她的人脉圈也很窄，虽然有几个能够说知心话的好朋友，但对她的事业却没有多大帮助。

有些女人的人脉很窄，在事业上遇到困难时，无法找到可以帮助自己的人。她们能力很强，却因不善交际而失去了很多机会，她们就像顾女士那样，觉得聚会上都是不认识的人，不知道该聊些什么，觉得尴尬，于是缩在自己的舒适圈内，这会间接给自己的能力设限，直接导致自己的见识变浅。参加各种聚会，认识各行各业的人，了解各行各业的现状，是拓宽自己见识的重要渠道，也会为自己今后的事业做铺垫。

老话说，朋友多了路好走，多个朋友多条路，我们可以适当参加朋友的聚会，参加同行业举行的聚会，参加不同团体活动，去认识更多的人，扩宽自己的交际范围，积累更多的人脉。这样不仅会丰富我们的业余生活，也会在无形中为我们今后的事业构建人脉，这是一件一举多得的好事。

但是，值得注意的是，人脉不是某个聚会上的一张名片，人脉是需要我们去经营的，主动去关心、帮助、联系他人，是搭建人脉的常用方法。聚会上收到的名片，一部分是生意，一部分是面子，一部分是应酬，一部分是朋友，我们要学会识别这些名片，知道哪些人该留，那些人该舍，而不是将这些名片一股脑儿地塞进自己的名片盒里，等需要求助时直接拨打名片上的电话，这样不仅很突兀，而且很莫名其妙，有人愿意接听生意电话，却不喜欢接听求助电话，这是人之常情。

天下没有免费的午餐，我们去拓展自己人脉、扩宽自己的交际时，也要去维护、构建人脉圈，偶尔花点时间去关心、帮助、问候他人，否则即便你的人脉再多，也不过是"僵尸朋友"而已。聪明的女人是独立的，她们有自己的社交圈，会努力地去打造自己的人际圈，这让她们在事业上如鱼得水，在婚姻中自信体面。

"贵人"不"贵"，只是难求

贵人，不单单指有权、有势、有名的人，还包括帮你度过困难，为你指点迷津、给你希望、给你勇气的人，他们可以是与你素不相识的陌生人，也可以是你的心腹之交，他们可以在关键时刻拉你一把，让你事半功倍。

生活总会在不经意间带给我们困难，我们也总是会受到困难的阻碍，因为某个困难，我们的生活变得一塌糊涂，事业遭遇瓶颈，我们自己悬在某个地方，上不去也下不来。这个时候，若是有个人拉我们一把，帮我们迈过这个坎儿，那他就是我们人生中的"贵人"。

贵人可以帮我们渡过眼前的挫折，带我们走出身处的困境，为我们指点迷津，帮我们逢凶化吉。

张女士与丈夫合开了一家餐馆，生意还算不错，可才开不到两个月，就遭到了附近居民的举报，原因是餐馆的排烟管正对着居民的窗户，影响了居民的日常生活，无奈只好歇业整改。丈夫找来了专业的师傅，师傅看了一眼说，其实也不难，只要做个长烟囱，将烟排到天上去就可以了。说得简单，却需要一大笔钱啊，为了开餐馆，两人硬是将自己能借的亲戚朋友都借了，哪里来这么一大笔钱，而工人师傅不收到钱也不动工，这让张女士和丈夫很发愁。

两人翻找了自己的一圈通讯录，还是没有找到可以借钱的朋友。张女士看着大学同学姜女士的电话发呆，两人之前关系很不错，姜女士之前问张女士借过一笔钱做服装生意，但姜女士盈利之后，迟迟不还张女士的钱，张女士不得已向对方开口要钱，自那之后，两人之间就存在隔阂，也不常常联系了。由于不好开口，张女士最终选择给对方发短信，并将自己的银行卡号附上，短信刚发过去，对方就来电话了，称只是确认一下是不是本人操作。确认之后，对方挂断电话，没过五分钟钱就到账了，张女士感激不尽。开业一个月，张女士带着姜女士的钱，亲自上门还债，并称对方是自己的贵人，两人的关系又和好如初。

姜女士是张女士的熟人，也是她的贵人，在关键时刻帮她和丈夫渡过难关，让餐馆得以顺利营业。当今这个时代，能够借钱给你的都可以称为贵人，当我们经济拮据，有人愿意无条件向我们慷慨解囊时，我们要好好珍惜这份来之不易的感情。因为，没有几个人愿意在你没有偿还能力时借钱给你，毕竟"穷在路边无人问，富在深山有远亲"，我们要好好珍惜那些能在特殊时期给我们帮助的人。

愿意借钱给你的人都是贵人，愿意无条件给你提供帮助的人也是贵人。有时候这些贵人你不认识，有时候这些贵人并不是你最好的朋友。他们给你的或许是经济上的帮助，或许是精神上的帮助，或许是伸出手拉了你一把，或许只是骂了你几句，或许是给你提供某个平台……他们是贵人，却很平凡，因为他们就与你同在一片天空下，同踩一块大地。

王女士一直觉得自己很幸运，因为她觉得自己遇到了一个贵人，而且还是一生的贵人。王女士的这个贵人是她的学长，两人同在一所高中，后又同在一所大学。大一刚入学时，各地都有老乡聚会，而且还有联系名单，王女士看到名单上有一个来自同一所高中的学长，便主动拨打了电话，也是因为这个电话，她遇到了一个贵人，让她觉得很幸运。

从那之后，学长便成了王女士最知心的朋友，无论遇到什么事，王女士都会找学长求助，包括感情、家庭、学业、事业，每一次学长都会耐心地听她说，然后一层一层地将她的疑难杂症拨开，帮她分析，开导她。当她迷茫时，学长给她指点迷津；当她想不通事情时，学长帮她理清思路。后来，但凡她有困难，第一时间想到的就是学长，无论什么时候，学长都会给她回复，耐心地帮她解决问题。一次，学长的朋友，一个喜欢她的男生问她："XXX很了解你吗？""嗯，他比我还了解自己呢，他是我的人生导师，是我生命中的贵人。"

知己难觅，知音难求。一个人的一生会遇到很多来来往往的人，但是能够成为知己的很少很少，尤其是像王女士的学长这样的知己。知己是我们一生中的贵人，他们任何时候都在我们身边，知道我们内心的想法，愿意听我们诉说，能帮我们答疑解惑，当我们在工作、生活、情感中遇到难题时，他们会帮我们想办法，陪着我们一起解决。他们比我们自己，甚至比我们的父母都了解我们。正如王女士所说的，他们是人生导师，是我们生命中的贵人。

我们生活在不同的圈子中，不停地变换着各种角色，很难与其他人脱离关系。若是我们故步自封、独来独往、单枪匹马地与人生打斗，很容易让自己身心疲惫、伤痕累累，很难取得较大突破。因此，我们除了要努力提升自己的实力之外，还要学会建立自己的社交圈，主动去拓宽自己的人脉，寻找自己的贵人。

牛顿说，如果我比别人看得更远，那是因为我站在巨人的肩膀上。如果我们想让自己的人生之路走得更远、更稳，也少不了贵人的肩膀。我们的贵人，可以让我们变得越来越好，他们不断地成就、提升、锻造我们，他们给我们机遇，为我们带来好运；他们带给我们正能量，让我们发现生命的美好。人生苦短，贵人难求，所以我们要好好珍惜身边的每一个人，万一他们是你的贵人呢。

摆正姿态，方能四两拨千斤

四两拨千斤，意思是以小搏大、以弱胜强、以柔克刚。不过，一个人的力量是有限的，要怎么用我们有限的力量去完成那些我们力不能及的事呢？很简单，就是学会从外部借力，这个外部的力量可以是一个人，也可以是一个事物。

尺有所短，寸有所长，每个人在世界上都是独一无二的，都是不完美的。很多时候，我们无法独自完成超出我们能力范围的某些事情，这是很正常的，这并不是说我们还不够强大，能力还不够，这一点每个女人都要明白。在自己能力有限的前提下，我们要学会向外界借力，以达到以小搏大、以弱胜强、以柔克刚的目的，最终实现我们的目标。

一位母亲在假期带着儿子回农村老家度假，顺便让儿子体验体验农民的生活。正值收土豆的季节，母亲带着儿子去地里挖土豆，母亲挖，儿子将其捡在筐里，再倒进母亲的背篓里。一开始母亲挖得慢，儿子不停地来回将土豆送到背篓里，慢慢地，母亲挖的土豆越来越多，儿子捡在筐里的土豆也越来越多，多到凭他自己的力量无法抬起。

"儿子，慢慢来，你可以的。"母亲在一旁为儿子加油。"妈妈，这太重了，我搬不起来。"儿子带着哭腔对母亲说。"儿子，你要学会用尽全力，想尽各种方法。"母亲不紧不慢地说。儿子又在一旁捣鼓了半天，还是搬不起来。"妈妈，我不行啊。""儿子，妈妈在这里，你为什么不向妈妈求助呢？儿子，你要记住，凡事用尽全力，包括向外界寻求帮助，不能轻易被打倒。"母亲笑着对儿子说。

案例中的儿子用尽了自身的力量，依然无法搬起筐里的土豆，于是他告诉母亲，自己已经用尽全力了，无法搬动筐里的土豆。母亲却告诉他，他没用尽全力，因为他还没有向她求助。孩子的思想很简单，他认为自己的力量不够，这件事情自己就无法做到。事实上，很多女人也是这样想的，她们常常以自己的能力来判断一件事能不能成功，这是一种错误的思维方式。

一些成功人士的能力很平庸，但是他成功了，因为他懂得运用外界资源，借助外部力量。一个公司的老总可能只是精通计算机，而对其他事情，如财物、管理等一窍不通，但这些并不阻碍他成为老总，他可以找会的人才来帮他打点。一件事情成功与否，与个人的资源整合能力挂钩，也就是与个人的借力能力挂钩。我们在做一件事时，要充分调动外界资源，借助外界的力量实现我们的目标。

北京某所高校的新校区在昌平区，老校区在三环。新老校区离得比较远，若是将实验器材、图书资源等全部运往新校区，将会是一大笔支出。这时，校长想到了当年大英图书馆搬迁的策略，他觉得或许可以模仿。

大英图书馆位于英国，藏书种类齐全，数量颇多，是世界上很著名的图书馆。曾经图书馆要从旧馆搬到新馆，由于书籍太多，单运费就要几百万，图书馆没有这笔资金。最后，图书馆在报纸上刊登了一则广告，大致内容是：从某日起，市民可以从大英图书馆免费借阅10本书。广告登出后，很多市民都来借书，而市民借出去的书需要还到新馆。就这样，图书馆借助市民的力量搬了一次家，省了几百万经费。

北京这所高校校长借鉴了大英图书馆的方法，因教师每天往返在两个校区之间，校长便提议提高教师的借书量，而且允许教师帮新校区的学生从老校区图书馆借书，学生看完后直接归还至新校区即可，教师个人借的书也直接还至新校区图书馆；而既贵又大、不便于搬去搬来的实验器材，校长提议，需要做实验的专业就在老校区上课，住在老校区宿舍，不用去新校区，既省去了搬实验器材的费用，又不用做实验的学生来回跑。

大英图书馆借助市民的力量，为自己搬了一次家，省了一大笔运费，还达到了自己的目的。高校校长模仿大英图书馆的做法，结合本校的实际情况，做出切实可行的方案，节省了本校经费的同时，还为本校师生带去了方便，这就是学校借助师生力量的做法。

类似借力的案例还有很多很多，这些案例都在告诉我们：要学会借助外界力量，突破自我局限。当我们遇到困难时，不要急着去否定自己的能力，要先整合自己身边的资源，向家人、朋友、同事、竞争对手等借力，运用他们的力量帮你解决困难，实现目标。帆船只有借助水的力量，才能实现自己的价值；蒲公英需要借助风的力量，才能播撒种子。

有的女人说借力是无能的体现，她们认为事情是解决了，但并不是靠自己的实力解决的，别人都可以做到，我为什么不能呢，归结起来就是自己不行，能力差。这样的想法容易导致一个人产生自我否定、自卑的心理。女人要明白，有些事情不是我们能力不行，不是我们做不到，而是单凭自己的力量去做，会花费很多时间、金钱和精力，换句话说就是不高效，达不到我们的预期，因此我们才需借助外界的力量。

事实上，借力是一种能力、一种勇气、一种智慧。聪明睿智的女人一定懂得借力，懂得借助丈夫、孩子、同事、朋友、闺蜜等的力量达到自己的目标，做自己想做的事，活成自己想要的模样。

人情味，让人脉更高效

人类之所以高于其他动物，最主要的原因是人有感情。人情味以感情为基础，给人带去一种家、一种爱、一种感动，给人以亲切、温暖。女人在人际交往中，不要总是冷冰冰的，只以利益为重，而是要学会投入一些人情味，这样建立起来的人脉才更牢固。

当下人们的工作、生活都很忙碌，每天两点一线，在家与公司之间来回奔波，吃外卖、谈工作、做策划，早已成为生活的常态，女人也是如此。当有人突然为她们献上一份可口的家常饭菜，给她们聊聊快乐、开心的事时，她们会觉得异常亲切，甚至会感动得热泪盈眶。家常菜、家乡特产、唠嗑、闲时关怀问候等都具有人情味，能够给人带来归属感。

王女士是一个内向的人，不善言辞，但这并不妨碍她扩宽人脉圈。早从大学开始，她就认识了各个专业的同学，这一点连室友都感到很惊讶。更让人惊奇的是，她认识的这些其他专业的朋友，毕业分布各地之后都还相互联系，在王女士有困难时，都很乐意为她伸出援手，甚至会放下工作，买机票过来帮她。

王女士不会刻意去与某个人交朋友，她的大部分人脉都是彼此帮助、互相闲谈认识的，涉及各行各业各种岗位，分布范围广，相互之间没有利益关系。双方认识之后，他们会觉得王女士很亲切、很靠谱，愿意找她抱怨工作，倾诉生活，王女士也不烦不躁，耐心地听对方说完。王女士也会记住每个人的性格、家乡、喜好等，每次外出旅游时，都会给各地的他们分享一些当地的特产，原本特产不贵，这份心意却很贵，让朋友们也感受到了满满的温暖。

朋友们闲下来时，会主动邀请她到所在城市玩耍，或者直接过来找她玩两天。一次，她生病需要住院治疗，原本她没打算告诉其他人，但是手术需要家属签字，她就找了一个朋友来帮她签字，这个朋友就因此放下了手头的所有工作，无微不至地照顾她，直到她出院，收获满满的爱的她很快就康复了。

案例中王女士的人脉很广，而且这些人脉对她来说都很有效，能在生活、工作中给她提供帮助。她维持这些人脉时，却没有一点儿利益关系，更多的是充满人情味。关注朋友的日常生活，听朋友诉说愁肠，将朋友放在心上，给朋友寄小礼品，单纯而有爱，人情味浓浓。

像王女士这样的社交，在当下已经很少了。当下是一个互联网时代，社交软件多，朋友圈广告多，手机储存的朋友不少，就是没有几个聊得来的。人与人之间时时刻刻都有利益关系，不讲交情，不卖人情，不愿意把心交给对方，不敢说出内心的真实感受，对他人的话语，我们不能感同身受，不愿意相信他人所说……这些都是社交存在的弊端，是当下社交的通病，是一个没有人情味的交际圈。

张女士是某公司的创始人，她极其讨厌人情，对每一个对她好的人都充满戒备，包括她的父母。她认为每个对她好的人必然都出于某种目的，各怀鬼胎。她的微信朋友很多，但大部分都是各种客户，都是有利益来往的人，每天找她聊天的人很多，但她觉得那些假兮兮的问候就像各种手机硬件一样，冷冰冰的，根本就没有任何的爱或是真心。

她每天都很忙，会有各种各样的应酬，一回到家里，她就觉得冷冰冰的，觉得很孤独。有时候她想找个人倾诉，可是将朋友圈、通讯录翻了一遍又一遍，都找不到一个信得过的人。她患得患失，既想要别人真诚的关心，又不愿意敞开心扉接纳他人。她把人归为两类，一类是有用的，即能给她带来利益的；一类是没用的，没有必要花时间去经营。

像张女士这样的现象，在当今社会并不少见，她们把人情当成了包袱，当成了人生的绊脚石。她们没有安全感，她们认为没有无缘无故的爱，但凡是对她们表现得稍微好点的，她们都会觉得这些人另有所图；她们过于敏感，不愿意与他人多说闲话，她们张口闭口都是工作，语气总是冷冰冰的；她们的眼里只有权利和利益，没有人情。

每个人的生活都很不容易，每个人都不喜欢自己的人生除了白就是黑，都希望有个五彩缤纷的生活。但是每个人都心存芥蒂，都会有自己的顾忌，都不愿意接纳别人的好，也不愿意去对别人好，嘴里都在念着人情味淡了，事实上并不是人情味淡了，而是我们的心态变了，变成了一颗势利的心，一颗无处安放的心。

女人要记住，人情味与利益并不冲突，我们追求利益是为了更好地生活，好的生活必定不是冷冰冰的，而是充满爱的、温馨的。而在我们与他人进行利益往来时，也可以进行人情交往。至于如何去交往，如何才能更具有人情味，如何才不让人觉得虚伪，如何更加自然，这是因人而异的，也是需要随机应变的。

卢梭说："对别人表示关心和善意，比任何礼物都能产生更多的效果，比任何礼物对别人都有更多的实际利益。"女人在社交中，可以多在平时给别人带去问候，多跟别人拉拉家常，不要等到有所需时才想起联系他人，这样人情味就变味了。人情味很淡，给人的爱却很浓，正所谓是"淡淡的浓，浓浓的淡"。

"绿色"人脉网始于朋友筛选

古语说：近朱者赤近墨者黑。与什么人交往，就会养成什么样的性格脾气，做出什么样的行为。因此，我们身边的朋友很重要。女人在打造自己人脉网的过程中，要学会有选择性地交友，要交一些积极、上进、活泼、正能量的朋友，远离那些消极、抱怨、轻浮、喜欢泼冷水、借口多多的朋友。

什么是朋友？朋友是你都忘了自己是谁时，他还会记得你；朋友是无论你贫穷还是富有，他都一如既往地在你身边；朋友是有难同当，有福同享；朋友是互相勉励，共同进步；朋友是你进步，我高兴，你幸福，我快乐……为何要选择性地交朋友？因为各人有各人的价值观、人生观以及生活态度，只有三观相符，彼此尊重的朋友才叫朋友，而选择会帮我们找到适合我们的朋友，让我们的生活变得更加高效、幸福、有趣、精彩。

张女士与男友前不久订婚了，但她最后还是选择与对方分手了，原因是对方很喜欢抱怨，无论是工作、还是生活，都会被他抱怨得一无是处。男友是相亲认识的，对方家庭条件富裕，是独生子，二老很健康，在某公司做管理员。两人谈了一年的恋爱，两个月前刚刚订婚，订婚后就选择了同居，就只差举行婚礼了，但是张女士突然提出了分手，并退还了戒指。因为同居之后，张女士发现男友超级爱抱怨，一件小事都会引发他喋喋不休的抱怨，而他的朋友们差不多也都很喜欢抱怨。

他们抱怨工作、抱怨上司、抱怨同事、抱怨公交、抱怨饭菜、抱怨衣服、抱怨天气……什么都可能成为他们抱怨的导火索。张女士辛辛苦苦收拾打扫的屋子，换不来一句感谢不说，反而招惹一堆抱怨。比如：谁让你动我的书桌了，我的东西都不好找了；上次你帮我洗衣服，将里面的发票都洗了，害我损失了几千块钱……订婚宴已经过去两个月了，对方还在每天抱怨当时的菜太贵了，味道如何不好，张女士的某个亲戚怎么小气……

童话故事的大结局总是告诉我们：王子和公主结婚了，从此过上了幸福甜蜜的生活。事实上，王子和公主也会存在矛盾和冲突，甚至可能并不幸福。婚姻是两个人的生活，是柴米油盐酱醋茶，两个人能不能在一起一辈子，单单靠热恋时期的爱或一时冲动远远不够。案例中的张女士就是在订婚后与男友同居的过程中，发现了男友的缺点，这才退还戒指，提出分手。

陷入爱情的女人都是傻子，当我们与对方相爱时，很可能被爱蒙蔽双眼，觉得对方干什么都是对的；而未在一起生活前，我们看不到对方私下的生活状态，不了解对方的底线，更不会知道对方是一个什么样的人。比如案例中张女士，在订婚前就并不真正了解男友，订婚同居之后才发现对方是一个爱抱怨的人。

无论是男友也好，朋友也罢，女人都不要与爱抱怨的人结交，即便当下对方很有才，也很有钱，长得好好看，也不要去招惹对方。每个人的生活都很不容易，喋喋不休的抱怨只会让人越来越消极、越来越失去斗志、越来越情绪化、越来越讨人厌。聪明、有智慧的女人从不向别人抱怨，也不会与爱抱怨的人交朋友。

王女士和田女士是多年的好朋友，但是最近，王女士严重怀疑田女士是否能称得上是个真正的朋友。两人从小一块儿长大，从小学到大学一直在同一所学校，高中之前还好，两人的功课都很多，没有时间去做自己喜欢的事情。等上了大学之后，王女士就对未来充满希望，她想要认识更多的朋友，于是她加入了各种社团、学生会；她想让自己的大学生活更加丰富多彩，加入志愿团队、勤工俭学；她对梦想充满了期待，她想提升自己的价值，准备考四六级、计算机等级、会计证、普通话等级证等。

田女士则不一样，自己不参加不说，还总是泼王女士冷水。王女士加入社团时，田女士称："进社团有什么用！什么社团干事、团长都是学生，他们也什么都不会。你进去不过是聊天，浪费时间而已。"王女士加入学生会时，田女士称："学生会有什么用！里面的人都在摆架子，要官威，你去了也不过是给人当背篓而已。"……每次听到田女士这么说，王女士就这么想，久而久之，大学生活就这么过去了，毫无意义，一无所获。这么多年过去了，田女士还是那样，总是泼王女士的冷水，工作也好，生活也好，无一幸免。

泼冷水的人无处不在，大多是出于"吃不到葡萄说葡萄酸"的嫉妒，还有的人是希望你陪着他一起堕落，不愿看你的生活多姿多彩。就像案例中的王女士那样，无论她要做什么，田女士都会先给她泼一盆冷水，时间久了，即便对方说的是不对的，王女士的潜意识里都觉得是对的，直接影响了王女士对事情的主观判断。这样的人是不能深交的，跟他在一起久了，你就会变得不思进取，不求上进了。这对他来说是件好事，但对我们来说并不是一件好事，这样的交情远不如高质量的独处。

除了爱抱怨、爱泼冷水的人不能交朋友外，还有那些懒惰、口出狂言、污言秽语、说的比唱的好听、背后时人坏话、一堆借口、小心眼、三观不正等的人也不值得做朋友。千万不要抱着侥幸的态度，以为对方可能会成为你潜在的人脉，你要考虑的是，还没等你用到对方，你就被带入歧途了。

我们要做一个有思想、有追求的女人，要学会择友而交，为自己打造一个"绿色"的人脉关系网。只有这样，这些人脉才有可能会成为我们的资源，才不会将我们带入歧途，才不会让我们的人生平平庸庸，黯然无色。

精心呵护人脉，遇见更好的自己

农民在春天播种之后，要为种子施肥、锄草，才不至于让野蛮生长的杂草挡住了庄稼的生长，才会在秋天收获满满。人脉跟庄稼一样，也需要施肥、锄草、细心呵护，才能在恰当的季节开花结果，才能"秋收万颗子"。

无论是在生活中，还是在职场中，人脉对我们都有至关重要的作用。但是当下，我们生活忙碌，工作强度大，以至于抽不出时间来经营人脉，时间一长，我们会发现一些人脉早已疏远、黯淡了，曾经的人脉早已变成陌生人了。因此，我们要学会一些方法，学会在忙碌的生活、工作中挤出时间去维护自己的人脉，为我们的友谊保鲜。

王女士是一家公司的电话销售人员，她深知人脉对自己业绩的重要性，所以她很看重人脉，她维护人脉的秘诀是不把客户当客户，而是当成朋友、闺蜜。举个例子，她接到河北张女士的产品咨询电话，两人便加了QQ细聊，除了工作外，两人还聊衣服、化妆品、电影、健身运动等等，没过多久，两人就变成了无话不谈的好朋友。

几年下来，两人从未见过一面，却都知道对方的爱好、性格脾气等。张女士曾多次邀请王女士到自己的公司上班，并承诺让她担任新项目的负责人，但王女士都以自己暂时还没有换工作的打算为理由委婉拒绝了。除了张女士外，王女士还有好几个这样的客户，彼此都没有见过面，但是互相信任，手头有项目首先想到的是王女士，甚至也有多次邀请王女士到他们公司上班的，不过都被王女士委婉拒绝了。王女士表示：我当前的工作我挺喜欢的，还没有换工作的打算，但是这些人脉都是我的财富，我会一直维护下去的。

王女士很懂得经营自己的人脉，她把客户当成自己的朋友，除了工作之外，彼此之间还聊其他生活琐事、兴趣爱好，即便是没有利益关系，她也会长期与对方保持联系，记住对方的爱好，分享自己的喜悦，懂得倾听，以至于对方一有项目，首先想到的就是她，自己的公司一有岗位空缺，首先想到的也是她。

很显然，像王女士这样长时间精心呵护的人脉，对她本身来说确实是一笔财富，她与客户之间早已跨越了利益的鸿沟，从对方嘴里说出来的帮助绝对不是生意场上的场面话。新时代的大多数女人都有自己的事业，有自己的人脉圈，除了家庭和工作之外，我们要如何与客户保持良好的人脉关系，这是每个人女人的选修课，怎么样才能让自己的人脉说出的话不是场面话，这是需要时间和精力的。

宁宁是一家公司的公关，由于工作性质，她认识了各行各业的人，但是，当她遇到某些公关问题时，她发现自己无法使用这些人脉，即便这些人脉可以帮她解决问题。原因很简单，这些人脉只是她自己以为的人脉，别人根本不把她放在眼里，更别说愿意花时间、精力帮她了。

宁宁很有魅力，工作能力也很强，她要去认识陌生人，简直是一件轻而易举的小事。但是，她弄错了一点，认识的人不等于人脉。她以为认识对方，与对方交谈了一次之后，对方就会记住自己，就会在日后为自己提供帮助。且不说对方帮宁宁有没有好处，单说宁宁的态度，都足以让对方拒绝帮她。

原来，宁宁在认识别人之后，只会在有事的时候想起来联系对方，在帮她渡过难关后，她觉得这件事对对方来说，不过是小事一桩，都没有想过要请对方吃饭；节假日时，她从不会主动问候对方；有时候，她甚至连对方是哪里人、有没有结婚都不知道。与她打交道的人虽然很多，但是把她当朋友的少之又少。

像宁宁这样的人，除了工作上的往来之外，相信大多数人都不愿意与她成为朋友。的确，她工作能力强，但是她不会为人处世，不会经营人脉，不懂得感恩，这是她人生中的一大败笔，不仅会影响她的事业发展，还会直接影响到她的人际关系，甚至会给她的心理带来负面影响。

宁宁犯了一个很多人常犯的错误：把人脉当成了利益的工具。有麻烦了就联系，没事时连个问候招呼都没有；帮你解决麻烦，拍拍屁股就走人，连声谢谢都没有；平时不联系也就忍了，节假日连个场面的问候都没有；嘴里说是人脉，结果连人老家在哪、是否结婚都不知道……这样的人除了利益往来之外，谁愿意与她交心呢？

我们在不断拓展人脉的同时，也要懂得精心维护人脉。维护人脉的方法有很多，一是可以将我们的人脉进行分类，建立档案，记下对方的姓名、工作、住址、生日、兴趣爱好以及对方曾给自己什么帮助等；二是时常问候，不仅限于节假日，包括生日、升迁、乔迁等等；三是知恩图报，常把"谢谢""辛苦了"挂在嘴边，践行"滴水之恩当涌泉相报"；四是学会倾听，懂得换位思考，站在他人的立场上理解、鼓励、赞美他人；五是懂得接纳，肯定他人的价值，接纳别人的不完美。

女人要记住一点：你认识多少人，并不等于你有多少人脉，这是两个不同的概念。真正的人脉是需要花时间、精力去呵护的，而且你的付出是有回报的。你精心呵护的人脉，会给你带来和谐的人际关系，会在你事业的瓶颈期给你提供帮助，会帮你克服自卑、建立自信，会让你遇见更好的自己。

游刃职场让女人乐在其中

身处职场，必定要和同事、上司打交道，必定会牵涉到职位、薪酬、竞争、与上下级之间的关系等，稍不小心就会侵犯他人的利益，引发他人的嫉妒，给他人心里添堵，影响自己未来职业的发展。如何变得干练、自信、得体、优雅，如何与同事和谐相处，如何应用好刺猬法则、如何与上司相处等，都是职场女人游刃职场必修的课程。

和谐让职场道路更顺畅

越来越多的女人拥有自己的事业，活跃在职场中。每个身处职场的女人都知道，在职场上不仅要把工作做好，还要与同事处理好关系，否则会影响工作的进展，还会给自己上班时的心情抹上淡淡的灰色。

职场是一个集体，里面有同事、有领导、有利益、有竞争、有上下级、有职位高低。身处职场的女人，大部分时间都是在与同事相处，每天与同事在一起的时间比家人还长，因此，懂得与同事相处很重要。一个能与同事和谐相处的女人，不仅深受同事欢迎，还能在职场的道路上走得更快、更稳、更远。

吴女士是一个名校毕业生，毕业后顺利进入某上市公司。她喜欢表现，工作能力也很强，常常在处理好自己的工作之余，去帮助其他同事。起初，同事们都很羡慕她，也很喜欢她。但是三个月之后，大家都开始疏远她，也不喜欢她帮助自己，就连上司也对她百般刁难。

一次，她碰巧听见两个同事在议论她："她太自以为是了，总以为自己很牛，连她们领导她都不放在眼里。""可不是嘛，起初以为她是好心帮我们，没想到人家都是为了自己去邀功，去向领导显摆自己的能力。""上次我的工作遇到了个难题，我去找小 XX 寻求帮助，结果她不知从哪里冒出来，唰唰两下就解决了，然后跟我说'这都不会，你还会干啥'，虽然困难解决了，但是我的心里很不舒服，我又没请她帮忙。"……这番对话让吴女士找到了自己被疏远、不被上司待见的原因。

吴女士虽然能力很强，但是她骄傲自大，目中无人，自然不会受到同事、上司的喜欢。她帮助同事却藐视同事、讨好上司、突出自己的个人能力，这是一种争强好胜、损人利己的行为；她不把领导放在眼里，当面否定同事的价值，这是一种骄傲、自负的表现。因此，她受到同事排挤，被上司刁难，并不是没有道理的。

受到排挤、刁难之后的吴女士，即便心理承受能力再强大，都会或多或少存在一些心理压力。不仅自己的能力得不到施展，自己的事业还会受到阻碍，看不到希望，这对刚刚踏入职场的她来说，会是一个很严重的打击，甚至会让她产生自我怀疑、自我否定的心理。因此，在职场中，女人要懂得收敛自己的锋芒，懂得处世之道，懂得尊重和肯定他人的价值，否则很难在职场上站稳脚跟，更不用说在职场上走多远了。

陶女士通过考试，顺利进入某体制机关。由于她在新单位中学历最高、各方面能力都很强，一进单位就被领导委以重任，这使她形成了骄傲自满的工作态度。一次，领导给她安排了一个她不擅长的简单任务，为了完成任务，她不得不向同部门的王女士求助，后来领导当众表扬了王女士，也就是这句表扬让陶女士心里很不舒服，从此对王女士怀恨在心。

从那之后，陶女士和王女士的关系发生了很大变化，陶女士总是想方设法地表现自己，想尽各种办法让王女士出丑，还在工作上挑王女士的毛病。王女士知道自己学历低，能力欠缺，对陶女士的刁难也不生气，遇到问题还很谦虚地向陶女士学习。时间长了，同事们都觉得陶女士嫉妒心太强，都不愿意支持她的工作。在一次职位升迁中，陶女士和王女士成了竞争对手，原本自信满满的陶女士，在公众投票环节败给了王女士。

同事之间存在各种利益关系，难免会产生嫉妒心理，但是因自己的嫉妒心理而去做有损同事利益、名誉的事情，绝对是不明智的。就像案例中的陶女士那样，因为领导的一句表扬就嫉妒同事，各种显摆自己、百般刁难对方，最后只会让其他同事觉得自己心胸狭窄、嫉妒心强，从而疏远她，不配合、不支持她的工作，无缘升迁。

嫉妒容易让人心胸狭窄，让人心生怨恨，不利于工作的开展，不利于职场关系的维护。职场涉及名利、薪资待遇、各种人际关系，一不小心就会触犯同事的利益，稍不留心就会产生磕碰。因此，在职场中，我们要心胸开阔，保持一颗平常心，不因名利生妒，不因矛盾生恨。

职场关系与我们的未来息息相关，一个和谐的职场关系会给我们带来不可估量的好处。一是利于工作的开展。职场是一个集体、一个团队，各项工作彼此关联，互相牵扯，各个部门需要不断加强合作，同事之间需要不断加强沟通交流；二是利于职场发展。和谐的职场关系会让一个人变得更加自信，在职场道路上越走越远，越走越稳；三是利于心情愉悦。谁都不愿意每天与不喜欢的人打交道，都不愿意摆着一张臭脸，带着坏心情上班。

在职场中，我们要懂得踏实谦虚，慎言慎行，互助互帮，心胸开阔，不骄傲、不自满、不自恼、不自欺。用一颗平常心面对功名利禄，不针对获得升迁的同事，不因自己未获得升迁而自负；用一颗真诚的心与同事相处，不在背后说同事的坏话，不私下向上司诽谤，不揭同事的伤疤。守好一段和谐的关系，就能收获一段意想不到的职场人生。

刺猬法则，职场社交的撒手锏

所谓"刺猬法则"，是指在寒冷的冬天，刺猬想通过紧紧靠在一起相互取暖，但当它们彼此靠拢之后，却发现会被对方身上的刺刺痛，不得不分开。几次下来，它们掌握了彼此之间最适合的距离，既能相互取暖，又不会被对方的刺刺痛。在职场人际交往中，我们也要学会运用刺猬法则，以便让自己在职场中游刃有余。

"刺猬法则"运用在婚姻中，是指我们要与丈夫保持一定的距离，不近也不远，可以避免彼此之间的审美疲劳，使我们的婚姻更加长久牢固；职场中也可以应用"刺猬法则"，我们与上司、同事也要保持一定的距离，不能靠得太近，也不能离得太远，太近了会被彼此利益擦伤，看不到对方的优点，暴露自己的弱点；太远了不利于职场关系的和谐，不便于工作的开展。

为了更好地照顾孩子，张女士在怀孕之后就辞去了工作，在家安心养胎，等待孩子的出生。孩子出生后，她成了全职妈妈，全心全意照顾孩子。等到孩子上了幼儿园，觉得无聊的她，打算重新踏入职场。但是时隔几年再入职场，让她有点儿不知所措。

顺利进入某个公司之后，为了更快适应职场，她开始与同事密切交往，甚至将自己的隐私也告诉同事，把同事当成了自己的朋友。可是没过多久，她发现同事们都远离她，教她工作时总没有耐心，甚至比她年纪小的同事都不把她放在眼里，看她的眼神都带有鄙视的态度，这让她很不舒服。

后来，她的上司找她谈话，对她进行开导，她才知道大家对她态度转变的原因。"你刚进来时，大家不敢欺负你，是因为她们看你年纪不小，以为你很厉害，才与你交往。但是与你密切交往后，大家发现你其实什么都不会，又没有后台，对他们的事业没有任何帮助，这才疏远你。你也不要有压力，你就踏踏实实地做好本职工作就行。还有一点我得提醒你，与同事和谐相处是对的，但是一定要保持适当的距离。"

看到张女士的案例，你一定会说她的这些同事很势利，素质不行，可是职场有时就是这样。张女士不在职场多年，自身又没有特别的本领，年龄也不小了，给其他同事带来利益的机会很渺小，别人自然不愿意花时间与她交往。张女士刚进公司时，大家其实是愿意与她交往的，因为大家不了解她。但是当她将自己的一张张"底牌"都抛给了同事，让同事看清楚了她的能力，于是不愿意继续在她身上浪费时间。

同事之间始终都是存在利益关系的，或者是薪资待遇，或者是职位高低。同事之间距离太近了，一方面会让对方知道你的能力，了解你的底线，掌握你的弱点；另一方面会让对方觉得不舒服，不安全，以为你是另有所求，甚至会对你产生敌对态度。因此，与同事相处，我们要向懂得使用"刺猬法则"，与同事保持在合适的距离内，不该说的不说，不该问的不问。

赵女士在一次鸡尾酒会上认识了王女士，两人聊得甚欢，彼此留了联系方式。后来，两人私下聚过几次，因为聊得来，脾气又相投，王女士便邀请张女士到自己的公司上班，薪资待遇比她当下的好多了。赵女士进公司之后，两人聊天的时间更多了。

但是，离王女士越近，赵女士越不觉得她是自己的上司，甚至觉得她跟自己一样，吃一样的饭、睡一样的床、做一样的事，在心里便少了一点敬畏，而这种不敬畏的态度会在不经意间通过某些不恰当的行为表现在平常的工作中，她甚至还在员工之间分享王女士的糗事，这让王女士在员工之间的威望大大下降，严重影响到员工工作的积极性，最终王女士胡乱找一个借口，将赵女士辞退了。

赵女士与王女士靠得太近，才让自己忽略了对方的身份，少了谦虚敬畏心，在不经意间表现出不尊重的行为，让王女士的威望在员工之间消失殆尽，最后选择辞退赵女士。这样的结果并不让人意外，而赵女士做出这样的行为也并不奇怪，因为距离太近了，就会忘记对方的和自己的身份，做出不恰当的行为。

很多女人都会有这样一种体验：自己追求很久的"男神"，追到手以后才发现对方并没有自己想象中那样完美；奋斗了很久才获得的工作，到手之后才发现并没有期望中的那么好。就像案例中王女士的员工那样，原本对王女士很敬畏，但是经赵女士一说，就发现对方也不过跟自己一样，是个平常人罢了，自己为何要去敬畏一个跟一样的人呢？这样就产生了消极怠慢的工作态度。

"不识庐山真面目，只缘身在此山中"，爱人也好，朋友、同事也罢，在彼此相处的过程中，要为对方留下一定的空间，与对方保持一定的距离，给对方一定的自由，尊重对方的想法、隐私、生活习惯，否则就容易迷失，认不清对方的真面目，容易给自己的生活、婚姻、工作带来负面影响。

有人说，距离产生美，这里的美包括吸引力、敬畏心、期望值、权威、想念、尊重。身处职场中的我们，与同事保持距离，会增加彼此之间的神秘感，提高彼此之间的吸引力；与上司保持距离，会保护上下级之间应有的敬畏心；与竞争对手保持距离，会给对方形成一定的威慑，保护自己的威望。女人在职场中，要学会让自己做一只刺猬，懂得把握同事、上司、竞争对手之间的关系。

学习变通，是职场生存的首要准则

哲学上说，事物始终处在发展、运动、变化中。人与人之间的关系也一样。每个身处职场中的女人，都要懂得随机应变，不断地去调整、改变自己，才能轻松拥有和谐的职场人际关系，工作和交往才更加顺利、舒心。

当今时代，随着互联网、各种软硬件设施的不断普及，越来越多的工作性质发生着根本改变，越来越多的时代新人涌入职场，这直接倒逼已经在职场上打拼多年的女人们主动改变以往的工作作风，打破僵化的思维模式，学习新的知识，掌握新的方法，开拓新的思路，主动与各行各业新职业人沟通，提升自己的工作效率，以免被新时代淘汰。

田女士在某单位已经工作十几年了，早已形成了固有的工作模式。最近，公司换了新的领导班子，催生了很多新部门，像什么新媒体运营、搜索引擎优化师、网站编辑、视频剪辑、美工等，还新采购了一批数字化办公管理系统，每天上下班不再需要手动签到，请假无须再往人事部跑……这些变化对田女士来说很新颖，但也很难适应。原本想安安稳稳干到下岗的她，竟然有些慌了。

不是田女士反对变革，相反她很支持变革，因为采取数字化管理系统之后，工作确实方便了很多，省去了很多不必要的人力、财力、精力。但是她自身的知识结构有限，思维方式固化，工作十几年的她，学习能力已经退步了，不认为自己还能学懂新事物。因此，她抵触公司改革，一方面是担心自己被淘汰，怕自己的工作能力跟不上时代的脚步，最终失业；另一方面是她有一种惰性思想，不想改变自己，不愿意去挑战新的事物。

有一部分职场人跟田女士一样，不愿意接受新的事物，害怕发生变革，这是一种惰性思想，是要不得的。任何公司、任何企业都需要跟随时代的脚步，不断推陈出新，才不会被竞争对手超越，才不会被时代淘汰。职场中的女人也一样，要打破自己的僵化思维，紧紧跟随时代的潮流，接受新的挑战，树立"活到老学到老"的思维。

人不是螺丝钉，钉在某个位置就不动了。人是有思想的，只有不断地去思考、去挑战，才能让自己的脑袋不生锈，才能让自己不被时代淘汰。身在职场中，我们要始终保持对新事物的好奇心，要时刻践行"知之为知之，不知为不知"的处世原则，不懂就问，不懂就学，不要不懂装懂，更不能不懂就放弃。

杨女士在某服装店上班，因为工作强度太大，员工的流动量也特别大，常常是一批一批地走，好在跟杨女士一同进来的几个伙伴都坚持下来了，她也逐渐习惯了店长和几个主管的工作要求，甚至已经不觉得那么累了。她打算今年参加员工晋升考试，争取在年底升到管理层。

可是还没等到考试，跟她一块进来的伙伴就陆续走了，她又不喜与新人交朋友，虽然每天上班的小伙伴数量不变，但她总觉得哪里不对劲，准备考试的欲望就减小了。后来，总部新调来了一名主管，这个主管的处世风格和行为准则跟前任主管完全不一样，她内心很抵触。

一次，她正在收银，由于等待埋单的队伍比较长，她便把衣架直接放在框里，在这个主管来之前，大家都是这么干的。但是令她吃惊的是，这个主管也不管顾客多少，直接让她把衣架整理好，还说以后都要拆一件衣服、整理一个衣架，不能直接放在框里。那天下班之后，杨女士就直接提交辞呈，主动辞职走人了。

杨女士在自己的小伙伴一个个辞职、准备考试的欲望降低时，就已经埋下了辞职的伏笔，而新主管对她收银乱放衣架的指责只不过是点燃了导火索，加快她辞职的进度而已。王女士习惯了先前主管的行为方式，依赖与她一同进来的伙伴，不愿意主动接触新来的伙伴，抵触新主管的管理方式，这些都是死板、自卑、懒惰的行为方式，即便是这次辞职了，到了下一家公司她还会存在相同的问题。

在人生这趟旅途中，我们会与许许多多的人相遇，又会送走许许多多熟悉的人，这是处于发展、运动、变化中的事物所导致的必然结果。在一个公司中，有人来，有人走，这是常见的现象，即便是我们再喜欢与我们共事的同事，但也无法挽留对方要离去的脚步。因此，我们要加强自己的人际沟通能力，主动与新同事沟通，接纳新同事，一起努力，共同进步。

公司的管理层也不是一成不变的，在大原则不变的前提下，每个管理员都有自己的管理方法，但那都是针对全体员工，而且是为了公司利益着想，并不是刻意针对某个人。其他员工都能够遵守，我们为什么就不能遵守呢？难道真的只有自己觉得别扭，其他员工就没有一个过渡期吗？肯定不是的，每个员工都有过渡期，只不过每个员工的适应期不同，每个人发泄的方式也不一样。公司稍微变动一下就要辞职，那以后还怎么在职场中成长呢！

学生不能因为不喜欢某个老师，就吵着闹着要转学，那是一种幼稚的心理。我们也一样，不能因为某个伙伴辞职了，就萌生辞职的想法；不能因为不喜欢某个领导的管理方式，就直接赌气离职；不能因为公司要改革，就去抵制，抵制不成就想到离职……一言不合就离职，这是很不成熟、很幼稚的行为方式。

职场不是小孩子过家家，想来就来，想走就走。但凡踏入职场，我们的肩上就扛着一份责任，做好本职工作，遵守公司规章制度，与同事和谐相处，是一种对公司、对自己负责任的态度。我们要像"百变女郎"那样不断变通，不断让自己去适应公司的节奏，融入公司的氛围，找到归属感、安全感。

以和为贵，职场生存的必要准则

以和为贵是中华民族的传统美德，是我们为人处世的行为准则。有人说，职场如战场，职场中处处充满竞争，即便是同部门的同事，也免不了竞争关系，这里说以和为贵，不是在开玩笑吗？自然不是开玩笑，以和为贵和竞争并非互不相容，它们之间其实是相辅相成的。

职场是一个处处充满竞争的地方，或是职位竞争，或是业绩竞争；或是同行之间的竞争，或是部门之间竞争，或是同事之间竞争……总之，好像处处都是没有硝烟的战场。对公司内部的竞争来说，我们践行以和为贵，原因是每天低头不见抬头见，总是绿眼睛红眉毛、大眼瞪小眼的不利于工作的开展，无法给公司带来利益；对同行之间的竞争，每天心里眼里都在想怎么打败对方，容易将思维固化，导致目光短浅，没有先进战略，使公司陷入停滞不发展的状态，因此我们倡导以和为贵，共同进步。

龚女士是一名刚刚踏出校门的大学生，刚刚毕业的她很单纯、很正直，也很莽撞。她是家里的独生子，双手从来都不沾柴米油盐，根本不会做家务。而她进的公司，每天都需要员工打扫卫生，而且也不排班，谁先到谁打扫。初入职场的龚女士每天很早就到公司了，但她从来不打扫卫生。

一天，她来了之后，便在阳台上吃早餐，同事们陆陆续续到来，开始打扫卫生。其中一个大嗓门儿的女同事对另一个男同事说："新来的那个XXX，每天袖手旁观，也不帮忙打扫一下。""'90后'嘛，娇生惯养的，不会做。"男同事轻描淡写地回答。"这么简单的事情都不会，骗谁呢，我看就是矫情。"女同事不依不饶地说。男同事不再搭理她，继续打扫。

听到这里，龚女士火了，直接打开阳台的门，上来就给大嗓门儿的女同事一巴掌："我就矫情，关你什么事！"女同事也火了，两人打成一团，其他同事拉都拉不开，最终两个人都被打得鼻青脸肿，一起被公司开除了。

这其实是一件很小的事，不过是出点儿力气，都不存在利益关系，只要龚女士态度好点儿，或者以和为贵，假装没听见，也就不存在动手打架这件事了。另一方面，若是大嗓门同时私下里委婉地告诉龚女士打扫卫生的事，主动教她打扫，而不是在背后说龚女士矫情，打架的事情也不会发生，两人也不会既受伤，又被辞退。

我们的同事来自天南海北，受不同的教育，家庭环境不一样，行为习惯、处世方式都不一样。我们在一起共事时，不要在背后议论别人，不要轻易给人贴标签，彼此之间遇到小摩擦，或者是不习惯对方的某些行为时，我们不能采取野蛮的方式解决问题，而是应该以和为贵，尊重、包容别人的个人习惯。

冯女士和姚女士在同一天进入公司，在同一个部门上班。起初，两人关系很好，可自从上次两人一起参加公司的内部设计大赛之后，关系就僵了，像仇人一样。

当时，两人同时报名参加设计大赛，互相讨论作品细节。最终，冯女士的作品获得一等奖，除了获得高额奖金之外，还升职加薪了。

姚女士认为冯女士早就知道获奖后的结果，不愿意尽全力帮自己。于是，两人瞬间从好朋友变成了仇人，互不搭理，互不帮助，互相刁难，每天公司的设计部门都硝烟弥漫，好像随时都可能爆炸。

冯女士和姚女士一起参加设计大赛，还在一起讨论，双方的设计理念彼此都很清楚，冯女士并没有瞒着姚女士重新设计作品，姚女士也知道冯女士的创造理念，还提出了自己的建议，而第一名只有一个，两人只要进了一个，都应该为彼此高兴才对。而姚女士看到冯女士升职加薪，获得高额奖金之后，心生嫉妒，埋怨冯女士。这是一种心胸狭窄、见不得别人比自己优秀的表现。

其实，姚女士完全没有理由，也没有必要记恨冯女士，冯女士也没有必要与姚女士僵持不下，两人应该互相帮助，设计出更好的作品。身处职场中，我们不仅要有一颗不为名利所动的平常心，还要有一颗不容嫉妒的包容心。我们上班的目的不仅仅是功名利禄，更是不断地发现、实现自己的人生价值，遇见更好的自己。

和，代表大气、平稳、宽厚、包容、进步。以和为贵是一种处世态度、一种为人准则。在职场竞争中，"和"更珍贵，更难得。与同事和谐相处，可以一同努力，共同进步；与同行"和"，可以使彼此之间的竞争更加正义、更加正面，避免出阴招、耍心机，可以相互勉励，共同进步。

作为一名职场女性，我们要深知以和为贵的重要性，要懂得化干戈为玉帛。正确看待职场中的名利，学会欣赏同事闪光的地方，提高自身的职业素养，不能因为同事比自己强就心生妒忌，更不要一言不合就辞职；要懂得包容同事的缺点，尊重同事的性格习惯，不在背后乱加议论，不将个人情绪带入工作。

以和为贵是一种智慧，懂得以和为贵的女人并不是圆滑，也不是世故，她们只是更懂得方圆处世之道；她们也不是没有抱负、没有能力，只是更懂得同舟共济的可贵；她们更不是傻，也不是笨，只是更懂得退一步海阔天空的智慧。以和为贵，才能更好地推进公司成长，更好地展现每一个同事的才华，实现共赢。

淡化优势，不给职场添堵

同样是女人，为什么她就长得那么漂亮，能力还那么强？同样是在一个岗位上，为什么她就能得到老板的赏识，自己却一直是默默无闻？我明明比她长得漂亮、比她优秀，为什么她升职了，而我还在原地踏步？她那么讨人厌，也不知道怎么就成了自己的上司了？这些问题其实都是常见的嫉妒心理在作祟。女人在职场中，要如何消除同事的嫉妒心理呢？

一个谦虚低调的女人，深谙谦虚低调之道。她们知道每个女人都有自己的优势，都有比他人强的地方，若是一味地向别人展示自己的优势，显露自己的才华，很容易导致同事心理不平衡，激发同事的嫉妒心理，这不仅会影响自己与同事之间的关系，还不利于自身的职业发展。聪明的女人不会故意炫耀自己的优势，这样即保全了自己的优势，又不会招致别人的嫉妒，从而成为职场中的处世高手。

王女士是某科技公司的总经理助理，由于人员变动，她被调到了销售公司，当销售经理助理。前不久，科技公司新来的助理申请著作权时被驳回，总经理想之前王女士申请都没有问题，就让她来收拾这个烂摊子。王女士在与新助理交接工作时，立刻就知道问题在哪里了，直接当晚改完，第二天就申请下来了。这让总经理对她刮目相看，在员工大会上点名表扬了她。

"其实，这都是新员工的功劳啊！她几乎把该准备的材料都准备好了，而且都没有什么问题，只不过是在文档上出了点儿小差错，而且我发现这个小差错我也一直在犯，我之前可能是侥幸通过了，以后还需要大家多多指导才是！"听到王女士这么说，新员工悬着的心立刻放下来了，对王女士投去了敬佩的眼光。之后，两人成了好朋友。

王女士在申请下著作权，受到老板点名表扬时，并没有飘飘然，而是谦虚、大方地向新同事表示感谢，肯定了新同事的价值，把这件事归功在新同事身上，这是一种胸怀，也是一种智慧。这样做不仅淡化了自己的能力，还平衡了新同事的心理，自然不会招致同事的嫉妒，既实现了自己的价值，又获得了同事、上司的肯定。

与王女士不同的是，一些女人不会这么谦虚，她们在事情办成之后，会在同事面前夸夸其谈，张口闭口在"我是怎么做到的，我怎么怎么"，尽显自己的聪明才智，理所当然地以为自己很有能力。这样的人在职场中大都不受欢迎，她们很自私，只在乎自己的名利，突出自己的优势，而忽略了周围同事的感受，让同事反感、嫉妒。如此一来，同事就会故意冷落、疏远、为难她们，导致她们的职场关系不良，工作难以正常开展。

舒女士和李女士同在一家公司上班，一开始两人都是普通员工，关系很亲密，无话不谈。在其他同事眼里，她们就像是一对姐妹花，很让人羡慕。大约过了一年左右，舒女士由于工作做得好，被提拔为高级干部。这本来是一件很值得庆贺的事情，舒女士却高兴不起来。

自从被提拔后，她与李女士之间的关系就变了，李女士会故意躲着她，有意疏远她，两人即便是说几句话，李女士也总是在话里夹枪带棒，让人感觉不舒服。荣升高级干部之后，舒女士想好好带着大家一起干，为公司奉献自己的价值。但令她难过的是，同事们并不愿意配合她的工作，有些同事还落井下石，在背后议论她，说她的风凉话。

一开始，大家只是议论她的穿着打扮，后来直接变成了造谣，说舒女士和谁谁谁有不正当关系才得到的提拔，直接否定了她的能力，认为她不应该得到提拔。听到这些，舒女士觉得很委屈、很难过，自己能被提拔，都是自己一步一个脚印得到的啊，每天第一个到公司，最后一个离开，自己辛辛苦苦换来的却是一堆闲言碎语、谣言诽谤，甚至最好的姐妹李女士都有意疏远自己。她不明白，也不知道接下来的工作要怎么开展，因此不得不辞职。

人言可畏，人心难测，我们永远不知道每天陪在自己身边的同事在想什么，会做出什么举动，可能我们一个不经意的动作，就会让对方感到不舒服，引发对方的嫉妒心理。舒女士因为能力强，受到上司的提拔，引起了身边同事的嫉妒，才有了后面的刁难、谣言、诽谤、侮辱事件的发生，最终不得不辞职离开。

有些女人就是这样，抱着"她明明跟我一样，凭什么她就比我强，凭什么她就能在我的头上，我就不配合她，看她能拿我怎么办"的心态，表达自己内心的嫉妒。因此，女人在职场中，要学会淡化自己的优势，把优越感让给他人，适当地向他人示弱，平衡他人的心理，这样有助于我们的职场关系更加和谐，职场道路也相对顺畅。

女人在职场中，要根据不同的对象调整自己交往的方式。当与同级沟通时，我们要淡化自己的优势，放低自己的姿态，缩减自己的光芒，多将自己的成功归于外在因素，而不是一味夸赞自己能力，以免遭到别人的嫉妒；在向弱者分析自己成功的经验时，可以着重强调自己的辛酸、坎坷，告诉对方自己的失败以及烦恼，使对方的心理获得平衡，情感得到慰藉；与强者打交道时，可以将自己的劣势表现出来，谦虚地请教对方……总而言之，女人要学会站在他人的角度思考，懂得把优越感让给对方。

嫉妒是一种低层次的负面情绪，而且是人的天性。当我们身处优势时，要懂得及时化解周围同事的嫉妒心理，不要因为对方对自己表现出嫉妒就与对方理论，一定要讨论出个是非对错，殊不知这样只会让彼此之间的关系更僵，从侧面体现出你的狭窄心胸，在一定程度上也表现出你强烈的自负心理。海纳百川，有容乃大，淡化优势，不给别人心里添堵，才不会给自己的职场添堵。

上司才是将军，才是做决定的人

当你发现自己的能力比上司还高，做事效率远远高于上司，决策能力以及执行力都超过上司时，你会不会直接按照自己的思路，擅自做决定呢？如果你的答案是肯定的，那就说明以上这些都只是你的错觉而已，你都认不清自己的位置，又怎能和上司相比呢？如果你的回答是否定的，那恭喜你，你是一个很聪明的女人，你的职场道路将会更加宽阔。

职场游戏的基本规则：领导才是将军，才是那个做决定的人，而员工再怎么聪明，在领导面前始终是个小兵，手里没有决定权。所以，我们万万不能直接略过领导，自作主张，擅自行事，这是职场中的大忌。聪明的职场女人在任何时候，都不会自作主张，她们会做好充足的准备，把决定权留给上司，尊重上司的权威，按照上司的指示行事。

章女士在一家公司做秘书，刚刚被总经理做了停职处分，让她好好反省反省，原因是她自作主张。原来，最近总经理发现新签的为公司出货的客户不靠谱，货的质量不过关，还是之前长期合作的伙伴靠谱。但是，总经理之前因为想放弃和老伙伴的合作，就让章女士拟写了一份终止合作的道歉信，现在经理有点后悔了。

"我当时就不同意，您非得坚持换合作伙伴，您看吧！""我当时考虑不周，只是想省下一笔经费，早知道不要让你发那封道歉信了。这样，你帮我约一下先前合作伙伴的老总，我要当面道歉，希望他们能继续给我们供货。"章女士笑了笑，说："不用了，上次的道歉信我根本就没发，终止合同我也没寄。""没发？没寄？你干了什么？""我觉得您当时的想法欠周全，怕你后悔，所以才没有寄终止合同，也没发道歉信。"章女士有些得意地说。

经理长舒了一口气，立刻又眉头紧皱起来："谁允许你这么做了，谁给你的权力，你知不知道这样做很可能让公司陷入官司，有损公司的声誉。还有，我最近让你给客户发的邮件，你都发了吗？""哎呀，您放心，我心里有数，哪些该发，哪些不该发，我知道分寸。""你长能耐了啊，竟然敢擅自做主了，我说的话还管不管用了。"经理大声对她说。"可我确实是挽回了损失，这不是错啊！"章女士不服气地说。"你最大的错就是自作主张，你先停职一周，回家好好反省反省。"

案例中的章女士确实是帮公司挽回了损失，按理说应该得到上司的表扬，但是她表面应承上司、私下自作主张的做法，触犯了职场大忌，所以受到了上司的批评，还被责令停职反省。这件事是很好理解的，章女士自作主张的行为实际上是严重破坏了公司的规章制度，如果每个员工都像她那样，相信没有一家公司不会出问题。

女人一定要记住，任何时候都不要越过领导，擅自做决定，即便上司的决策存在缺陷，我们也不能擅自更改上司的决定。当我们不同意上司的某个观点、决策时，可以当面提出自己的建议，说出自己的想法，至于上司最终采不采纳，那不是我们能决定的，我们能做的，就是做好我们的本职工作。

何女士是某个公司的行政人员，把行政工作做得井井有条，深得行政主管和领导的好评。最近，公司打算与外联的某个公司见面，而该外联公司并不在北京，何女士便自作主张给对方公司打电话，问对方公司同行人员的情况：来几个人，都来自哪里，有哪些行为习惯，准备坐哪班飞机……都打听完了之后，她也没向行政主管汇报，直接预定了酒店、安排了专车，连娱乐场所的规划都做好了。她为自己的细心、贴心感到很满意。

过了两天，行政主管找她谈话，一脸生气的表情："谁让你擅作主张联系对方公司的？谁叫你联系的，谁让你安排的。你知不知道因为你的莽撞，对方要与我们终止合作。你知不知道这家公司多年来一直都是由专人负责的。你现在立刻把你订的酒店、专车、各种安排都取消，至于毁约的费用，你自己承担。还有，公司领导已经向对方道歉了，也挽回了损失，但是公司领导决定给你一个教训，这个月工资扣半，奖金全扣。"何女士听完之后，意识到自己犯了错误，接受了处罚，以后再也不敢擅自做主了。

何女士工作很积极，不用主管催着赶着，这是一种很好的工作态度，但是她忘了一点，做事之前应该征求主管的意见，否则吃力不讨好不说，还可能会损害公司的利益。就像何女士这次，她贸然给对方公司打电话，原本是为了更周到地为对方提供服务，却不曾想冒犯了对方，差一点就让公司失去了一个合作伙伴。

即便擅自做主不会给公司带来损失，还有可能会带来好处，但是擅自做主的人或多或少都会引起上司的反感。上司会以为我们不把他放在眼里，不尊重他，故意挑战他的权威，从而对我们产生排斥、厌恶，从心里否定我们。因此，任何时候，我们都要有正确的工作态度，我们好好工作并不是为了与领导攀比，受到领导重视并不等于可以忽视领导，直接替领导做决定，这是两个完全不沾边的问题。

领导就是领导，下属就是下属，这是两个不同的角色，演绎着不同的剧本。领导永远是话语权、决定权的掌控者；下属要始终清楚自己的位置，端正自己的态度，不要擅自做主，给领导心里添堵。

女人在职场中，切不可自以为是，自作主张，模糊自己的位置。当我们有好点子、好想法、好建议时，要主动跟领导沟通，听听领导的想法，而不是自以为是好的，领导就会认为是好的。身在职场，女人要明白：很多时候，你以为的并不是你以为的。

持家有道打造幸福家庭

一个心中的他，一个温馨的家，再加上两人的结晶，这是很多女人期望中的婚姻。但有时候，期望很丰满，现实很骨感，或许是心中的他没有你想象得那样优秀；或许是你无法和他的妈妈、你的婆婆和谐相处；或许你们的结晶很叛逆……婚后的你们彼此信任吗？你有没有变成他的"妈妈"，每天唠叨？你们吵架时会不会互相伤害？你觉得婚姻是"坟墓"，还是港湾？

用心呵护信任，守护幸福婚姻

一个作家说："信任是心灵相通的桥梁，是家庭稳定的纽带，是化恶为善的基石。"这句话道出了信任对婚姻的重要性。事实上，婚姻这个围城到底是不是坟墓，取决于夫妻双方是否彼此信任。

婚姻不同于恋爱，更多的是朝夕相处、油盐酱醋的结合体，少了恋爱的甜蜜，多了生活的劳累；少了热恋时的新鲜感，多了婚后的老脸老嘴；少了热恋时的依赖，多了婚后的独立。好的婚姻是一辈子的事，而信任是维持一辈子婚姻的充分必要条件，好的婚姻必定离不开信任。只有夫妻双方彼此信任，才会免去不必要的猜忌，女人才不会对丈夫产生怀疑，才会拥有一个和谐的婚姻关系。

王女士很爱也很黏自己的丈夫，即便两人谈了七年恋爱，结婚也已经两年，她依然时时刻刻都想黏着丈夫，生怕丈夫会"不翼而飞"。她不能接受丈夫和其他女人说话，只要看见丈夫与其他女人聊天或者打招呼，她就哭个不停；丈夫与同楼的朋友聊天喝酒时，不到30分钟她就坐不住了，立刻跑去找丈夫。

"但凡他不在我身边，我就会幻想他跟其他女人在一起；只要他晚一分钟没回我微信，我就会立刻给他打电话，有时候他在开会，没带手机时，我会立刻请假，跑到他所在的公司去查岗……我也很讨厌现在的自己，也想给他更多的空间，但我就是没法让自己彻底信任他，即便他很爱我。"王女士苦恼地说道。

王女士与丈夫之间完全没有信任可言，她太过紧张，甚至不给丈夫留一点儿个人空间，这样的婚姻且不说能不能长久，单单是对她的精神都是一个很大的折磨。她太爱自己的丈夫了，以至于希望将对方绑在自己的身边，时时刻刻在一起。丈夫只是稍微跟别的女人多聊会儿天，她就敏感起来，不停地哭泣，这其实是一种间接的道德绑架。即便丈夫再怎么爱她，也经受不住她这种长期的紧张情绪，如果继续这样下去，他们的婚姻迟早会出现裂痕的。

婚姻并能不将两个人捆绑在一起，婚姻中的两个人是自由的，是独立的。每个人都是独立的个体，婚姻并不能将我们变成丈夫的附属品；同样，我们也不能因为婚姻，把丈夫变成自己的私人物品。婚姻是两个相爱的人相结合，携手相伴，共同成长，而并不是占有，也不是眼泪，更不是同情。相爱的人懂得给彼此空间，给对方自由，更懂得距离产生美。

有这样一个故事：一个女小偷在晚上行盗，被女主人发现后，对女主人说："我是你丈夫的情人，是他让我过来的，还说你今晚不在。"女主人听了之后，怒吼道："你简直是胡说八道！""不信啊，不信你报警试试啊，你也可以现在打电话问问你的丈夫。哦，对了，我甚至还知道你的名字和电话号码哦！"女主人被小偷气疯了，也不报警，而是直接将对方推出了家门。过了不久，小偷给她发短信："好奇怪啊，我用这样的方式骗过了不少女人，原来你们都不相信自己的丈夫啊！没有信任感的婚姻真是可怜啊。"女主人这才想起，自己在与刚才那个所谓的"丈夫的情人"互动时，完全相信了对方的谎言，而这个谎言其实只需要自己问几个简单的问题，或者打一个电话给丈夫就可以揭穿。她感到十分内疚，因为她竟然宁愿相信一个陌生

人，也不相信与自己朝夕相伴的丈夫。

我们暂且忽略这个故事的真实性，来看这个故事背后所揭示的意义。我们从小偷的短信中可以看到，有不少女人不相信自己的丈夫，她们经不住外人的挑拨，轻易间就会对丈夫产生怀疑，这不得不让人怀疑婚姻中还有信任吗？怀疑就像草一样，一旦播下种子，不需要任何的呵护浇灌，都会一点点长大，慢慢地将信任挤出去，随之而来的是各种猜忌、不安、冷战，将两个人折磨得痛苦不堪，甚至导致离婚的结局。

人与人之间的信任不是商品，花钱就能购买；也不像嫉妒那样，不用呵护浇灌就能茁壮成长。信任是一种很娇贵的"植物"，需要两颗纯净的心去呵护和培养，但凡掺入一点儿杂质，都会阻碍它的成长，甚至会使之前的呵护瞬间前功尽弃。因此，不要向别人讨教互相信任的秘诀，对方只能回答你慢慢建立，而事实也是这样，信任是需要夫妻双方慢慢建立的，除此之外，并无捷径可言。

拜伦说过："爱情是男人生命的一部分，却是女人生命的全部。"有部分女人在婚后把自己的一切都交给丈夫，包括自己的社交、喜好、事业，丈夫喜欢什么，她们就喜欢什么；丈夫怎么说，她们就怎么做。这种女人在婚姻中其实是不平等的，她们的喜怒哀乐完全依赖丈夫，她们把丈夫当成了生命的全部，她们却只是丈夫的一部分而已。

值得庆幸的是，新时代女人有自己的事业和思想，她们独立、勇敢、坚强，对于婚姻，她们有自己的立场，不愿意在爱情里委曲求全；她们深知信任的重要性，不干涉丈夫的社交，不侵犯丈夫的隐私；她们知道婚姻需要刺猬法则，只有双方处在合适的位置，才不至于被冻死，也不会被对方身上的刺刺痛。

在一段婚姻中，信任的重要性不言而喻。信任可以让婚姻变得更加幸福、和谐、美满，可以消除无缘无故的猜忌，彼此之间没有绷得紧紧的束缚，不存在不安全感，有自己独立的空间，自由而不放纵，亲密而不依赖，不远不近，距离刚刚好；不冷不热，温度刚好合适，这才是婚姻最幸福的样子。

亲密有间，夫妻相处的最高境界

女人要始终明白，丈夫先是一个独立的人，其次才是你的丈夫。在没有遇见你之前，他有自己的生活环境、童年经历、知识架构、亲人朋友、思维方式，你也一样。当你和丈夫在茫茫人海中相遇、相知、相爱，最终喜结连理时，你要明白，你和他之间不是透明的，你们的关系并非是亲密无间，而是"亲密有间"。

"亲而有间，疏而有密；和而不同，美美与共。"这是婚姻最好的样子，夫妻之间不远不近、不疏不密，和谐相处，但又彼此独立，互不干扰，互相信任，彼此尊重，才能将生活经营成幸福、和谐、美好的模样，才能成就一段好的婚姻关系。因此，在婚姻生活中，我们要与丈夫保持一定的距离，这个距离要把握一定的分寸和度，不能太远，亦不能太近，不能太疏远，也不能太过于亲密。

谢女士与丈夫结婚二十多年了，育有一子，已经大学毕业，独立生活了，而谢女士与丈夫的爱情依然很和谐，宛如正在恋爱一般，很受周围人的羡慕。谢女士是一家超市的管理人员，每天上班的时间跟丈夫是完全错开的，要到晚上10点才下班；丈夫则是一家外企的经理，事情多，常常加班，应酬也很多，常常在大半夜喝得醉醺醺地回家。

谢女士下班后几乎都见不着丈夫，早上醒来时，丈夫已经出门上班了。晚上睡觉时，她会先给丈夫熬好醒酒汤，插好热水器，而早上起床时，她会看到老公写的感谢便条，还能吃到老公为她精心准备的早餐。每逢节假日，她都会和丈夫外出旅行。几十年过去了，两人依然相爱如初，互相信任。有时丈夫回来早时，谢女士会很惊讶，不自觉地问："你今天咋这么早回来？"丈夫会压在她肩上调侃："让我看看，你是不是亲媳妇？别人都是盼着老公早回，你却嫌我回来得早了？"然后两人相视而笑。

谢女士和丈夫之间有很强的信任基础，不会因为对方晚回家就打破砂锅问到底，去怀疑对方在外面干坏事，还会主动关心对方，为对方准备醒酒汤，烧好热水；对方也会对此表示感谢，亲自准备早餐，这是一种难得的信任和尊重。两人都有自己的事业，有自己的社交，相互之间不过度依赖，又不互相猜忌，这便是他们结婚二十几年却还像恋人一样甜蜜的秘诀。

可能一些女人会说，谢女士的心可真宽，也不怕丈夫做了对不起自己的事，大晚上不归家，还准备醒酒汤，而且自己的工作时间也与丈夫错开，两人一天都打不着照面，这样的婚姻看起来更像是合租关系。其实她们这么说也是情有可原的，但是她们忽略了最重要的一点，那就是合租并不存在所谓的信任和关心。信任是连接两颗心的纽带，是婚姻稳定、幸福的保障，婚姻中的两个人不是连体婴儿,彼此是自由的、独立的。

顾女士和丈夫才结婚不到半年,两人就开始厌烦对方了,开始大吵大闹,过起了硝烟弥漫的婚后生活。刚结婚时,两人整天腻在一起,一秒钟都不想与对方分离,可是不久,问题就出现了,顾女士发现对方并不是自己心中的白马王子,丈夫也发现妻子不是理想中的公主。于是矛盾频频爆发,每天你骂我、我瞪你,谁也不愿意给对方好脸色,好像仇人一般,早已看不到爱情的影子。

顾女士开始反省,是不是两人腻在一起的时间太久了,导致看不到对方的长处,只看得到对方的不足呢? 于是,她向丈夫提议分居,两人各住一间屋子,互不干涉,做一回租客,给彼此空间,丈夫同意了妻子的想法。两人分居大半年后,彼此都冷静下来了,慢慢地开始发现对方的好,看到对方的优势,又重新找回了丢失的爱情,也明白了夫妻之间也是需要空间的。

相爱的时候巴不得自己长在对方身上,一分一秒都不分离,可真的结婚了,时时刻刻都可以腻在一起时,就找不到当时相爱的激情了,也没有了当初的新鲜感,甚至连荷尔蒙也好像消失了。女人开始抱怨、唠叨,开始嫌弃丈夫,随之而来的便是各种争吵,如果双方都很冲动,都不愿意妥协,那终止一段婚姻也不是不可能。

案例中的顾女士在与丈夫结婚不久,双方之间就出现了问题,婚姻出现了裂痕。顾女士以分居的方式给对方空间,让彼此独立,找回了自己的爱情,挽救了自己的婚姻。当我们在婚姻中总是看到对方的缺点,怎么看对方都不顺眼,总是想吵架时,不妨试试顾女士的方法，采取婚内分居的方式，给彼此自由的空间，让彼此冷静下来，给自己时间反思自己的行为，去重新认识和发现对方的优点，或许你会更加了解自己和对方，会有不一样的收获。

每个人都是独一无二的，婚姻可以将两个来自不同家庭、拥有不同背景、受过不同教育、拥有不同思维方式的人结合在一起，却不能将他们彼此揉碎，然后重新进行组装，达到你就是我、我就是你的境界。即便是连体婴儿也各有各的思想，各有各的特点，更何况是夫妻呢？因此，丈夫意见跟自己相左、有自己的小秘密等都是正常的，女人要客观看待。

女人不要放弃自己的思想，不要为了丈夫而活；也不要为了迎合丈夫的喜好，而放弃自己的喜好；更不要被猜忌嫉妒的心理控制，不要试图去操纵丈夫，也不要过度依赖自己的丈夫。夫妻双方彼此尊重，互相关心，又相互独立，互不猜忌，亲而有间，疏而有密，这才是你中有我、我中有你的最高端的亲密境界。

女人要善于向丈夫"示弱"

新时代的女人很独立，有自己的事业，有自己的思想主见，她们漂亮自信、经济独立，事业有成，甚至成就远远超过丈夫。但是，在生活、工作强势果敢的她们，在婚姻中也很强势，不甘示弱，这会让她们的丈夫感到自卑，认为她们根本不需要自己，以至于离开她们。

当我们的生活、工作中突然出现一个涂脂抹粉、穿得花枝招展、说话嗲声嗲气、动不动就哭哭啼啼的男子时，肯定会觉得哪里不对劲儿，感到不舒服。同样的道理，当一个女人在丈夫面前粗声粗气、既要面子又要里子、我行我素、完全不把丈夫放在眼里，什么事都要理出个是非对错时，也会让丈夫觉得别扭，感到不舒服，这样的婚姻迟早会出问题的。

李女士是个高才生，毕业于某名牌大学，经朋友介绍，她认识了前夫黄先生。黄先生的学历不高，是个公务员，为人踏实，很知足。李女士觉得他是一个可以托付终身的人，不久，两人便结婚了。婚后三年，李女士总是像对待下属那样，用命令的口吻跟丈夫交流，她的脾气越来越大，越来越觉得丈夫窝囊，越来越觉得自己憋屈。她总是想：我一个博士生，又在公司担任要职，长得也很不错，怎么会嫁给这样一个呆板、毫无追求、每天只顾按部就班上下班的男人呢？李女士越想越来气，越想越为自己感到不甘。

看着自己身边的同事、朋友一个个都开着轿车、住着房子，李女士不免心生妒忌，再看看自己的丈夫，每天住着筒子楼、骑着自行车上班，还一脸知足的样子，这更让李女士心里不舒服，一不舒服她就摔碗砸盆，对丈夫破口大骂，可是每次丈夫都不搭理她，这让她更加觉得自己像个跳梁小丑一样，总是在自导自演。最终她忍无可忍，决定离婚，而丈夫也不反对、不挽留，就这样结束了三年多的婚姻。

婚姻是两个人搭伙过日子，它不是职业，没有上下级之分，更没有尊卑贵贱之说，夫妻双方是平等的，也是独立的，我们不能命令丈夫必须做什么或禁止做什么，我们也无权要求丈夫为了自己放弃什么、改变什么。每个人都有每个人的思想，都有表达自己的想法、保护自己个人隐私的权利，任何人，包括自己的另一半，都无权剥夺。

案例中的李女士的丈夫有知足、踏实的权利，李女士并没有权利去剥夺，也没有权利要求丈夫为自己改变，就像她有羡慕豪车、洋房的权利一样，丈夫也有追求安稳、踏实、平静的权利。其实，李女士完全可以换一种方式与丈夫相处，向丈夫示弱，感受丈夫知足常乐的心态，而不是去逞强、攀比、摔东西、破口大骂、自导自演，最终使得双方之间的距离越来越远，隔阂越来越深。既然你不需要我，你觉得我没用，你提出离婚，那我又有什么好挽留的呢，不如散了的好。

张女士是一个很要强的女人，无论遇到任何问题，她都埋在心里，咬牙坚持渡过，连最爱她的丈夫，她都不愿意与他分享自己的不快。看着她受伤后坚强的样子，丈夫很心疼，却又不敢去关心她，生怕伤了她的自尊心。时间久了，丈夫就想当然地以为她很坚强，不需要安慰，也不需要关心。

后来，丈夫出轨了，对方是一个看起来柔柔弱弱的女人，张女士无法接受现实，也不愿原谅丈夫。"我知道这件事是我的不对，但是你很坚强，这么多年了，我发现你根本不需要我。她没你漂亮，也没你坚强，但是她比你更需要我，对不起，祝你幸福。"丈夫主动道歉，并提出离婚。张女士十分不舍，但依旧咬着牙，假装无所谓似的，回了句："谢谢，'人渣'。"

张女士太要强了，即便是在丈夫面前，她也不愿意将自己难过、柔弱的一面表现出来，时间久了，丈夫就会误以为她根本不需要自己，自己对妻子来说可有可无，便开始有了挫败感、自卑感，为了找回自己的存在感以及重要性，张女士的丈夫选择了出轨。这虽然是一种很不负责任的背叛行为，却又在情理之中。

在婚姻生活中，女人若是很强势，凡事都要丈夫按照自己的想法来，在事业上又比丈夫有成就的话，会很容易伤害丈夫的自尊心，让丈夫觉得自己很无能、很懦弱，为了证明或显示自己是个男人，很容易就做出违背原则的事情。因此，即便我们的事业再成功，即便我们的内心再强大，我们也要学会向丈夫示弱，给丈夫机会去关心、疼爱、保护我们。

女人要明白，向丈夫示弱并不是一种卑微，一种胆怯，而是维持婚姻、增进感情的武器。在婚姻生活中，只要不涉及原则性问题，就很难分清谁对谁错，所以我们不妨低下头，做出很委屈、很难过的样子，激起丈夫的保护欲，获得丈夫的妥协、怜惜，这远比与丈夫争个高低、吵得面红耳赤来得更有力量、更甜蜜。

两个人朝夕相处，难免会有磕磕碰碰，但婚姻更多的是一种责任、一种分享、一种和谐。我们不能因为一点小矛盾就与丈夫争论不休，也不能强势地要求丈夫必须听自己的，更不能居高临下，对丈夫颐指气使。我们要学会示弱，学会在某些事情上妥协，给丈夫留面子，获得丈夫的呵护。若是说不出道歉的话，那就给丈夫一个微笑；受委屈了，躺在丈夫怀里，即便不说，丈夫也会感受到你的难过，会更加想保护你，更加爱你。

婚姻关系并不是你强我就弱、我弱你就强的不平等关系，而是一种被爱包围的平等关系。女人示弱是一种智慧，是一种力量，是一种博大的胸襟。懂得示弱的女人，懂得维护丈夫的面子，能够正确把握自己的位置，懂得在乎丈夫的感受，不会斤斤计较、无理取闹，婚姻关系会更加和谐、美满。

女人的唠叨，会成为婚姻的杀手

"有一种冷叫'你妈觉得你冷'，有一种饿叫'妈妈觉得你饿'。"妈妈好像被唠叨"附体"了似的，每当听到妈妈的唠叨，我们都会不耐烦地去敷衍。同样的道理，我们若是总在丈夫耳边唠叨，丈夫也会不耐烦的，轻则发生冲突，重则毁灭婚姻。

婚后，我们与丈夫生活，每天朝夕相处，低头不见抬头见，难免会有一些不顺眼的地方，聪明的女人会看到对方的优点，忽视那些不足的地方。但大多数女人不会这样做，她们会每天只会盯着对方的不足之处，并直接提出来，直到对方按照自己的想法改正，她们才会善罢甘休。渐渐地，她们的话越来越多，唠叨的事情也越来越多。

张女士和丈夫结婚才不到两年，丈夫就开始想逃离这个家，常常大晚上喝醉酒回家，懒得搭理张女士，原因竟然是因为她太唠叨了。她总是唠叨丈夫的鞋子没有摆正、衣服没有叠好、袜子还没洗、衬衣没洗干净、饭做得很难吃、地拖得脏兮兮的、洗碗时碗里的水没有倒干净……总之，生活中好像时时刻刻都充斥着她的唠叨。

好几次，丈夫实在是受不了张女士的唠叨了，直接摔门而出，或是直接砸了手中的碗，向她怒吼："我洗不干净，你来啊！""你吼什么，我这都是为你好，别人我还不乐意说呢！"两人因此吵了好多次。最近一次，丈夫竟然提到了离婚："你要是看我不顺眼的话，就离婚吧，你去找一个合你心意的人过，老子不伺候了！"这让张女士很伤心，直接脱口而出："离就离，谁怕谁。"后来丈夫就摔门而出，之后每晚都很晚才回来，也不愿意搭理张女士。

从外人的角度来看，张女士的丈夫已经做得很好了，我们可以看到他洗衣、做饭、洗碗、拖地，几乎所有的家务活儿他都会干，只不过可能是有些瑕疵罢了。而张女士非但不夸赞丈夫，反而在一旁指指点点、唠唠叨叨，这里那里都不满意，这当然会使丈夫心烦意乱、深受打击，不再愿意插手家务了。

其实，张女士可以换一种方法指出丈夫的不足，比如先扬后抑。就拿洗碗来说，当张女士发现碗里的水没有倒干净时，可以笑着对丈夫说："你的碗刷得真干净，要是能把里面的水倒干净就更完美了。"这样的话，丈夫心里高兴了，也就能听进去她说的事了，自然就不会觉得烦，反而会在下次做得更好。总之，张女士完全没有必要每天唠叨个不停。

张先生最近直接住公司宿舍了，因为他觉得他的妻子实在是太唠叨了，让他忍无可忍。他说，刚结婚时，妻子一下班回家就开始唠叨房贷、车贷，唠叨没钱的日子很难。她见张先生不反驳，就变本加厉，天天唠叨这事儿，让张先生觉得很烦。

过了两年，孩子出生之后，妻子又开始唠叨房子太小，埋怨当初为何不买个大的。一次，妻子参加同学聚会回来之后，开始唠叨哪个同学怎么怎么了，哪个同学的老公干啥干啥了，开始埋怨张先生不求上进。前几天，妻子又开始唠叨张先生是个乡巴佬，配不上自己，这直接让张先生直接搬到宿舍，不愿意回家了。

从张先生的事例中我们可以看到，张先生的妻子在两人刚刚结婚时就开始唠叨，而且唠叨的事情总是意有所指，间接地指责张先生没用：没能力一次性付清房费、车费，没能力买更大的房子，没能力升职加薪……这换作任何人都会心里不舒服，都会觉得对方瞧不起自己，都会想要逃离。

其实，张先生能够靠自己的实力买房买车，即便是没有一次性付清，也已经很不错了，即便是房子小，但他已经在用自己的努力给妻子一个家，一个保障。然而妻子非但不领情，还总是拐弯抹角地指桑骂槐，天天念叨，自然会让张先生心里不快，觉得自己的付出都是不值得的，每天累死累活地上班根本没有意义。

卡耐基说过："唠叨是爱情的坟墓。聪明的女人，如果你真正爱他，希望得到他的宠爱，想要维持家庭生活的幸福快乐，就停止唠叨吧！"有的女人以为通过不断地唠叨，可以让丈夫向着自己期望的方向发展；以为不停地唠叨，丈夫就会妥协，就会更加关注自己。事实并不是这样的，女人越唠叨，丈夫越想逃离，婚姻越危险。

女人要学会站在丈夫的角度思考问题，努力去挖掘丈夫的闪光点，学会用表扬的方法指出对方的不足之处，学会体贴丈夫，感谢丈夫对自己的关心照顾和对这个家的付出。我们要认清自己的位置，端正自己的态度，要明确自己是丈夫的妻子，不是他的妈妈，不应该也没有权利对他指指点点、管这管那。

　　家应该是彼此的港湾，当我们累了，可以在里面歇息；当我们受委屈了，可以在里面获得安慰；起风了，家可以为我们避风；下雨了，家可以给我们挡雨。家，应该是一下班就想跑回去的地方，应该是一想到就不自觉嘴角上扬的地方，而不是女人唠叨、男人躲避的坟墓。如果你想拥有一个温馨、和谐、美好的家，那么就从此刻起，停止唠叨吧！

和谐吵架，守候两颗相爱的心

　　来自不同家庭的两个人结合在一起，形成了婚姻，组成了一个新家。在以后的大部分时间里，两个人都要在一起生活，这就难免会产生摩擦，闹点矛盾，从而开始吵架。可以说，只要两个人长期住在一起，吵架就是一定会发生的事情，婚姻生活也不例外。不过好在吵架也是一种学问，吵得好了，会让两个人的感情更加牢固、和谐，生活更加幸福。

　　婚姻生活不像恋爱，它更琐细、更需要责任，今天谁洗碗、家里谁做主、买菜刷谁的卡、房贷怎么还、双亲怎么办、孩子上什么学校等，事无巨细，应有尽有。夫妻双方也常常会因为家庭琐事而闹矛盾，因为意见不合而吵架。有时也会因为某事心里不舒服，而对方又在一旁喋喋不休，让自己很烦躁，语气冲了些，正好点燃了吵架的导火索。总之，吵架是婚姻中必然存在的问题。我们需要掌握一些吵架的学问，以免让吵架伤了感情，甚至于毁了婚姻。

　　张女士常常与丈夫吵吵闹闹，但是每次吵完之后，两人都能很快和好如初，这让朋友们都很惊讶，都称他们为欢喜冤家。记得有一次，张女士跟异性好友视频聊天，丈夫心里很不舒服，便不停地在张女士面前晃来晃去。张女士以为丈夫有事找她，便匆匆挂了电话，可是挂完电话后，丈夫就坐在沙发上看电视，并没有什么事要跟她说，她就知道丈夫是吃醋了。

她假装不知道，也不搭理丈夫。一会儿，丈夫走到她后面，双手抱着她，开玩笑地说道："刚才聊得很嗨嘛，谁啊，新男友吗？""怎么，你吃醋了！我跟你说哦，对方可是个'小鲜肉'，比你帅好多哦！"丈夫抱她的手勒得更紧了："你信不信我现在就勒死你，以后还要和异性朋友视频聊天不？""想知道答案啊，松开我，我就告诉你。"丈夫松开之后，张女士立刻跑开了，向丈夫做了个鬼脸："你就是吃醋了，我告诉你哦，对方超级帅的哦，你要不对我好点，小心我休了你。""还反了你，你过来。"就这样，两人用很轻松的方式，巧妙化解了一场家庭矛盾。

有人说，爱情是你在闹、我在看。其实爱情还有一种形式，就是你在闹、我陪你闹。张女士和丈夫之间的相处模式很让人羡慕，他们巧妙地把心中的不快用玩笑的语言化解了，增进了双方信任的同时，又不至于因吵架伤了和气，还能让对方感受到自己浓浓的爱，这就是爱情最好的模样。

在婚姻中，吃醋是常有的事，无论是丈夫也好，妻子也罢，都少不了因为吃醋而生闷气或刨根问底。事实上，当下的社会是开放的，每个人都会有那么一两个异性好友，这是很正常的，如果我们因为对方跟异性朋友多说几句话、多提几次对方的名字，就要与对方大吵大闹，或者怀疑对方不再爱自己，甚至直接不让对方接触异性，这些都是不理性的、偏激的做法，不仅解决不了问题，反而会为彼此新增烦恼。

王女士和丈夫结婚六年了，两人之间没有任何秘密，各自都知道对方的各种密码，常常拿着对方的手机玩耍。一天晚上，王女士偶然翻开丈夫的微信聊天记录，看到丈夫跟陌生女人的聊天记录，包括各种温馨的问候、激情话语，还看到丈夫主动发的表白，这让王女士瞬间火冒三丈，直接将丈夫的手机摔在地上。丈夫不知所以然，没顾得上手机，上来就问妻子怎么了，发生什么事了。

王女士把刚才看到的告诉丈夫，然后冷冰冰地问："你打算什么时候告诉我呢？"丈夫耐心地听妻子说完，敲了一下妻子的脑袋，说："傻瓜，这么多年了，你还不了解我呢，你觉得我可能会说这些话吗？这是今天某某某的手机被盗了，生怕女朋友发消息没回，就用我的账号去哄呢，不信，你可以现在打电话问问，也可以当面质问他，我可以将他们俩介绍给你认识。"王女士虽然没有去对质，但还是半信半疑。

第二天，王女士跟丈夫一起出门，恰巧遇到了丈夫昨晚所说的那个朋友。"昨天实在是太感谢了，不然我女朋友指不定要怎么跟我哭、跟我闹呢！"对方拍着丈夫的肩膀说。看到旁边的王女士，就把昨天的事情说了一遍，竟然跟丈夫说得十分吻合，她就不再生气了，而且丈夫向她保证，再也不会出现这种情况，希望她原谅自己，两人又和好如初了。

有些时候，事情并不是我们看到的样子，背后还会有很多弯弯绕绕。在婚姻中，遇到事情时一定要向对方问清楚，不要自己胡思乱想、胡乱猜忌，那样会在彼此之间种下怀疑的种子，可能让自己做出一些出格的事情，可能会伤害了自己，也伤害了对方，严重时可能会毁灭自己的婚姻，失去对方的爱。

案例中的王女士很幸运，在她将手机摔碎时，丈夫第一时间想到的是她，问她怎么了，可见丈夫很爱她，把她放在了第一位。因此他能认真地听她陈述原因，并在找到问题的症结后耐心地解释，还主动认错，请求她的原谅，并未责怪她摔了自己的手机。他用自己的行动爱着她，给她安全，给她保障。

因为在乎，所以才会吃醋；因为爱你，所以才会怕你多想，耐心解释。婚姻中的两颗心，有时候比玻璃心还脆弱，语气稍微冲点儿，态度稍微强硬点儿，都可能被击碎。心一旦碎了，就很难再愈合了，即便愈合了，也不再是一颗完好的心了，多多少少都会留下伤疤，时不时隐隐作痛。因此，不要让吵架击碎你和爱人的心，否则你的婚姻会出现不可愈合的裂痕，勉强维持或者难以持续。

婚姻中吵架是在所难免的，吵架并不是口无遮拦，哪句难听就捡哪句说，恨不得把对方生吞活剥似的，这样的吵架很有可能会激怒对方。要知道两颗炸弹相遇只会增加杀伤力，扩大杀伤面积罢了，对缓解双方的情绪完全没有用。那些因为一点儿小矛盾引发的口水之战，并最终演变成打架的家庭矛盾，就属于两颗炸弹相遇的情况。

女人要学会控制自己的情绪，不要任凭自己的小宇宙爆发，去伤害自己爱的或爱自己的人。遇到矛盾时，要懂得幽默化解；心里不快时，要及时告知对方。总之，不要独自生闷气，不要莫名其妙地摔东西,这会让对方也感到莫名其妙,或许还会传染你的负面情绪,这样就会在无形之中埋下两颗不定时炸弹,一旦爆炸,后果将不堪设想。

不可避免的婆媳矛盾

女人嫁给一个男人时,不单单是要接受他这个人,还要接受他的家人——他的母亲,你的婆婆也包含在内。婆媳关系与婚姻关系息息相关,婆媳关系相处得好了,可以增进家庭的和谐,促进婚姻幸福。

婆媳关系无论是在古代,还是现代,都是一个让大多数女人头疼的问题,也是一个永不过时的问题,就像"我和你妈同时掉进水里,你先救谁?"一样,处处都是坑,稍不注意,就会将丈夫陷于两难的处境,一边是生养自己的母亲,一边是自己心爱的妻子,哪一边都得罪不起,都伤害不得。

杨女士与丈夫结束了长达七年的马拉松恋爱,终于走进了婚姻的殿堂。一开始,两人都在大城市里打拼,过着甜蜜的二人生活。两年之后,杨女士的婆婆突发意外,失去了一条腿,为了更好地照顾婆婆,夫妻二人经过商议后,将婆婆接到了城里。可是没处多久,杨女士与婆婆之间的矛盾就慢慢突出了。

起初,婆婆还觉得不好意思让杨女士照顾自己,后来就觉得理所应当了,便开始对杨女士颐指气使、挑三拣四了。杨女士买了几件衣服,她就指责杨女士败家、一天一套,甚至说出"真不知道我儿子看上你哪点"这样的话；她还不满意杨女士做的饭，经常念叨"饭怎么那么硬啊，不知道有老人在啊""这个菜油放得那么少，是嫌弃我在你家吃闲饭吗""这个汤那么淡，是故意不想让我喝吧"；甚至杨女士化妆她也要管："你天天往脸上涂涂抹抹的，像个狐狸精一样"……婆婆的话越说越难听，杨女士越来越觉得憋屈。

想想自己在娘家时，母亲从来都不舍得让自己做家务，总是主动给自己买这买那的，动不动就夸自己长得漂亮。怎么到了婆婆这，自己就变得这么不堪了呢？杨女士越想越生气，要不是碍于丈夫的面子，她早就不伺候了。她忍啊忍，可婆婆非但不领情，反而在丈夫面前数落杨女士，说杨女士的坏话，而偏偏丈夫很相信自己的母亲，又反过来责怪杨女士。最终杨女士忍无可忍，直接收拾东西回了娘家。

看到杨女士的婆婆，我们会恨得牙痒痒，天底下怎么会有这样的婆婆呢？不说为儿子好，反而尽给儿子找事。站在杨女士的角度，我们会觉得她真的很不值，她的婆婆真的很难伺候，还存在故意刁难的情况。而站在杨女士婆婆的角度，她忘了媳妇跟自己并不是一个年代的人，穿衣风格、处世态度完全不同于自己，也忘了没有一个人是完美的，自己的媳妇是一个人，不是全能的，她把媳妇的隐忍看成软弱，越发变本加厉地伤害媳妇，甚至还挑拨儿子和儿媳之间的关系，唯恐家里不乱。

由于杨女士一味隐忍，导致婆婆越发变本加厉，婆媳之间的关系越来越僵化，夫妻之间的感情也渐渐受到了影响。其实，杨女士可以好好地跟婆婆阐明态度，比如饭做得硬了，可以笑着说："妈，真是对不住啊，是我想得不周到，我再给您做个鸡蛋羹吧，那个有营养，饭的问题我下次注意。"婆婆听到儿媳妇这么说，自然也就不好再说什么了。而最重要的是，杨女士应该即使和自己的丈夫沟通，把事情客观地陈述给丈夫听，让自己的丈夫心里有一杆秤，而不是独自隐忍，给婆婆恶人先告状的机会。

刘女士的丈夫是农村人，结婚后，趁着假期，她跟着丈夫回老家待了一阵子。她的婆婆没上过学，观念很陈腐，一点儿都看不上媳妇娇滴滴的样子，总是百般刁难她。知道她没干过农活，就趁着丈夫下地后，带着她来到地里除草，累了也不让她歇歇，还说不干完就不能回家吃饭，一天下来，刘女士的手上全是水泡，晚上回到家以后，累得连饭都吃不下去了。丈夫看着很心疼，但又不敢责怪母亲。

第二天，为了让妻子多睡会儿，丈夫假装睡过了头，可两人才起床，就被婆婆劈头盖脸地骂了起来："你们看看，都几点了，我一把老骨头都能起来，年纪轻轻的你们，就开始睡懒觉了啊……"丈夫和妻子站在一旁听着，都不敢顶嘴。丈夫生怕妈妈又为难妻子，就假装公司有事，提前带妻子回城了，路上一个劲儿地给妻子道歉，让妻子不要生气。刘女士安静地回答："我不生气，我知道她的观念老，可是我们逃得了一时，能逃得了一世吗，那可是你的妈妈啊！下一次，我们多待几天吧。"

新时代的女人都有自己的事业，她们用自己的智慧赚钱，她们追求更自由、更高质量的生活，不再像以前的女人那样，不得不脸朝黄土背朝天地干活儿。刘女士的婆婆没上过学，极有可能不知道外面的世界，更不知道儿媳的工作是什么。她因为儿媳娇滴滴的样子而去刁难儿媳，看到儿子心疼儿媳，就连儿子一起骂，儿子不敢顶撞，又怕妻子受不了，最终选择带着妻子离开。但正如妻子所说，逃得了一时，逃得过一世吗？但是无论逃与不逃，问题就摆在那里，面对这样的婆婆，除了忍还有其他更好的办法吗？

俗话说"多年的媳妇熬成婆"，婆婆也年轻过，也曾经有个婆婆，旧时代的媳妇就得慢慢熬，等终于熬成了婆婆时，才有了说话的权利。在新观念正在普及、旧观念还没有根除的当下，持有旧时代观念的婆婆们就会和持有新观念的儿媳们产生不可避免的矛盾。面对这个问题，逃走肯定不是办法。对大多数女人来说，婆媳问题迟早得面对，怎样与婆婆融洽相处、怎样建立亲情，这直接关系到家庭氛围是否融洽、婚姻关系是否美满。

当我们与婆婆相处有问题时，一是要学会忍，这里的忍不是指忍气吞声，而是指能够恰到好处地规避敏感问题，如婆婆嫌弃媳妇买的衣服贵，那就在"汇报"价格时适当地做减法；而是要掌握好与婆婆之间的距离，一方面要像对待自己的妈妈一样对婆婆好，另一方面也要明白婆婆和儿媳毕竟没有血缘关系，也缺乏感情基础，因此不能像和自己的妈妈说话那样口无遮拦；三是要积极与丈夫沟通，协助丈夫在暗中调节双方之间的关系。

走进孩子的世界，与孩子成为朋友

你是否总是拿孩子和"别人家的孩子"做比较；你是否总是不征求孩子的意见，就给孩子报了一个个辅导班；你是否总是替孩子做主，干涉孩子的话语权、选择权等各种权利？你在这样做的时候，你知道孩子最喜欢的科目是什么吗？你知道你的孩子哪些方面最优秀吗？你知道你的孩子也有心事吗？你走进过孩子的世界吗？

每个母亲都很爱自己的孩子，但有时候会因为爱得太满，而让孩子失去了自我，引发孩子的叛逆心，反而达不到自己想要的结果。在生活中，一些母亲生怕孩子输在起跑线上，就给孩子报五花八门的培训班，最终让孩子身心俱疲，产生厌学情绪；一些总是拿孩子与别人家的孩子相比，想以此激发孩子的上进心，谁知孩子变得越来越自卑；当孩子受到别人的表扬时，一些母亲生怕孩子骄傲，一盆冷水直接泼在孩子头上，导致孩子开始怀疑自己……母亲望子成龙，望女成凤，为孩子做了很多，却总是忘记很重要的一件事，那就是走进孩子的世界。

赵女士有两个孩子，一男一女凑成了一个好字，儿子长得帅，女儿生得漂亮，惹得很多好朋友羡慕，赵女士却很愁。儿子比女儿大两岁，兄妹俩总是打架，每次女儿都会哭，赵女士就会责怪儿子，也不问是谁的对错。后来女儿知道了，只要自己一哭，妈妈准会去打哥哥，就开始换着法子地欺负哥哥。

等孩子长到一定的年龄时，赵女士发现儿子离自己越来越远，总是一副心事重重的样子，遇到什么事都不愿意跟自己说，什么事都憋在心里，而且在学校里总是欺负女同学，成了老师眼里的"坏学生"；女儿则是变本加厉，用对哥哥的态度对待同班同学，结果在学校总是被班上的男生欺负，一点儿都不想再去学校了，也不愿意跟妈妈交流。看着两个孩子的变化，赵女士才发现自己一点儿都不了解自己的孩子，除了给孩子提供基础的生活保障之外，却成了孩子身边最熟悉的陌生人。

赵女士忽略了孩子的心理，一味地去保护女儿，导致女儿认为自己可以欺负任何男生，反正有妈妈撑腰，而当她在学校里欺负男生时，却反过来被男生欺负了，因此产生了巨大的挫败感和屈辱感，当然不愿意再去学校了；而儿子因为在家里总被妹妹欺负，又因为有妈妈撑腰，什么也做不了，就把心里的怨恨转移到女同学身上，这是一种发泄。两个孩子的心理之所以会出现问题，与赵女士平时的教导有很大关系。

孩子的思想很单纯，他们没有成年人想得多，也不懂得看别人的眼色行事，更不知道有些事情不是表面上看到的那样。比如赵女士责怪儿子，并不是不爱儿子，而是想让儿子学会照顾妹妹，让着妹妹，但是儿子哪里懂这些弯弯绕绕，在他的世界里，妈妈这样做就是偏心，认为妈妈喜欢妹妹，不喜欢自己。于是遇到什么事就闷在心里，不愿意告诉母亲。

张女士有一个女儿，两个人相处得非常融洽，简直就像闺蜜一样，邻居都说她们像一对姐妹花。张女士很爱自己的女儿，也很尊重自己的女儿。自女儿懂事以来，她就向朋友一样与女儿相处，家里有任何决定，都会让女儿发表自己的看法，从来不把女儿当孩子对待。关于兴趣班，她会问女儿想学什么，跟她商量；关于成绩，她从来没有要求女儿必须考多少分；她认为自己的孩子就是最棒的，从来不会拿她和别人家的孩子比较；她会告诉女儿自己最近的烦恼，会让她帮自己出主意……

张女士很自律，每天早睡早起，坚持锻炼身体，女儿也跟她一样，养成了自律的好习惯；她博览群书，在家里专门设置了一个书房，母女二人常常能在里面共同待上好几个小时；她乐观善良，总是帮助那些需要帮助的孩子，女儿也会去帮助那些流浪猫、流浪狗，她则会和女儿一起给它们投食，并教给女儿自我保护的方法；她讲文明、懂礼貌，与人交好，女儿也尊老爱幼，会主动拾起地上的垃圾……她的女儿独立、自信、善良、大方，她为她骄傲，女儿也替她自豪。

张女士与女儿的相处模式是很多新时代女人所羡慕的，却没有多少人能够做到。大多数人认为孩子很小，想法很幼稚，很多时候打着"为孩子好"的旗号，自作主张地替孩子做决定，或者直接忽视孩子的意见。还有一些人每天要求孩子早睡早起，自己却熬夜、睡懒觉；总是逼着孩子去看书学习，自己却在一旁玩儿手机、刷微博……

为孩子好不是花多少钱、报多少班，也不是嘴上不停地念叨。作为母亲，对待孩子最好的方式就是做好自己，给孩子树立榜样，就像案例中的张女士一样，尊重孩子，用自己的行动来潜移默化地影响孩子，她会跟孩子聊自己的烦恼，把孩子当成自己的朋友，这远比兴趣班、威逼利诱来得有爱、有用多了，而这也是很多母亲难以做到的。

给孩子最好的教育就是以身作则，用自己的实际行动为孩子树立榜样，潜移默化地改变孩子的行为方式，建立属于孩子自己的主观思想，让孩子最终能够以独立的姿态迎接自己的人生。作为一个母亲，要以自己的孩子为荣，要和自己的孩子交朋友，更不要总是去羡慕别人家的孩子。且不说优秀并不是绝对的概念，每个孩子都有自己独特的闪光点，单说别人家的孩子之所以比自己家孩子优秀，正是因为别人家的孩子的母亲比你更优秀。所以，母亲要多去发现自己孩子的长处，多鼓励自己的孩子，当孩子遇到困难时，跟孩子一起解决困难。

从此刻起，不要去勉强你的孩子做他不喜欢做的事情，不要埋怨孩子成绩差，不要看轻孩子的分量，也不要过分溺爱、纵容孩子；如果自己不能做到的事情，不要以家长的口吻去逼迫孩子；不要动不动就打骂孩子，也不要在孩子面前唠叨。要多跟孩子谈谈心，走进孩子的世界，体验孩子的喜怒哀乐，与孩子成为朋友。